125 Brincadeiras
para estimular
o cérebro da criança
de 1 a 3 anos

PLAYGROUND
livros para uma nova consciência

CB061224

PlayGround é um selo da Editora Ground dedicado ao desenvolvimento do bebê e da criança nas áreas da saúde, alimentação, técnicas corporais, brincadeiras, relaxamento e cooperação.

Edição Revista

125 Brincadeiras
para estimular o cérebro da criança
de 1 a 3 anos

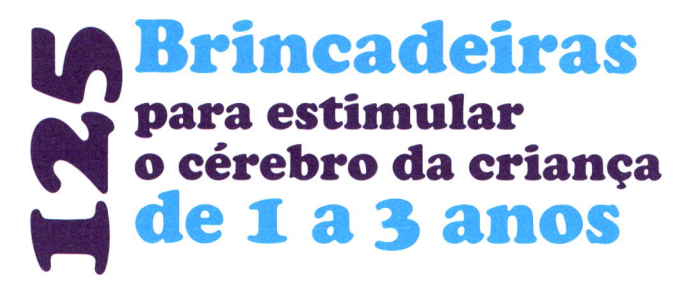

Jackie Silberg
com contribuições de **Keith Pentz**
e ilustrações de **Kathi Dery**

3ª edição
São Paulo / 2014

Editora Ground

Copyright © 2012 Jackie Silberg
Título original: *125 Brain Games for Toddlers and Twos*,
Gryphon House, Inc.
www.gryphonhouse.com

Tradução e adaptação: Dinah Abreu Azevedo
Editoração e revisão: Antonieta Canelas
Capa: Niky Venâncio

CIP-BRASIL. CATALOGAÇÃO-NA-FONTE
SINDICATO NACIONAL DOS EDITORES DE LIVROS, RJ

S576c
3.ed.

Silberg, Jackie, 1934
    125 brincadeiras para estimular o cérebro da criança de 1 a 3 anos / Jackie Silberg ;ilustração Kathi Dery , Niky Venancio ; tradução Dinah Abreu Azevedo contribuições de Keith Pentz. - 3. ed. rev. - São Paulo : Ground, 2014.
144 p. : il. ; 23 cm.

    Tradução de: 125 brain games for toddlers ans Twos
    Inclui índice
    Bibliografia: p. 141-142
    ISBN 978-85-7187-233-2

    1. Aptidão em crianças. 2. Inteligência - Problemas, questões, exercícios. 3. Psicologia da aprendizagem - Problemas, questões, exercícios. 4. Psicologia da primeira infância. 5. Jogos educativos. 6. Brincadeiras. I. Dery, Kathi. II. Título. III. Título: Cento e vinte e cinco brincadeiras para estimular o cérebro da criança de 1 a 3 anos.

14-09315.   CDD: 679.5
                                                              CDU: 649.1

05/02/2014   10/02/2014

Direitos reservados:
Editora Ground Ltda.

Vendas e distribuição:
Editora Aquariana Ltda.
vendas@aquariana.com.br
www.ground.com.br

Sumário

Introdução, 7

Dos 12 aos 15 meses
Balanço, 11
Muito amor, 12
Engatinhar até o brinquedo, 13
Embale seu filho, 14
Brincar de ler, 15
Tudo sobre mim, 16
Marcação de ritmo, 17
Sentir o ritmo, 18
Dormir tarde, 19
Parte da comunidade, 20
Brincar de cantar em falsete, 21
Surpresa!, 22
Encher o recipiente, 23
Brincadeira importante, 24
As maravilhas da música, 25

Dos 15 aos 18 meses
Os nomes das coisas, 26
Construção, 27
Faça tudo o que seu chefe mandar, 28
Cantar, 29
Hora de contar histórias, 30
Brincar de abraçar, 31
Enrola, enrola, 32
Todo mundo dorme, 33
Tudo fala, 34
Có-có-có, 35
Bon jour e *Buenos dias*, 36
Um pezinho que eu amo, 37
A vaca diz "Mu", 38
Bater palminha – na cabeça, 39
Movimentos e música, 40

Dos 18 aos 21 meses
Olhar para mim, 41
Gato e rato, 42
Pezões, 43
Palavras, palavras, palavras, 44
Alguém especial, 45
Ajuda mútua, 46
Vamos conversar, 47
Tocar os animais, 48
Vamos fazer música!, 49
Os clássicos, 50
Pula, pula, 51
Meu cantinho, 52
Escute só, 53
Um programa especial, 54
Acentos tônicos importantes, 55
Brincar de cozinhar, 56
Músicas e imagens, 57
Fabricar joias, 58

Dos 21 aos 24 meses
Bater palminhas, 59
Sons variados, 60
Aprender brincando, 61
Fofura, gracinha!, 62
Mais experiências sonoras, 63
Vestir-se bem, 64
Eu consigo fazer sozinho, 65
Voa, passarinho, 66
Outra vez com o pé na estrada, 67
Afunda ou boia, 68
Ritmo legal, 69
Colher dinâmica, 70
Gira, gira, piãozinho, 71
Músicas com sons de animais, 72
A música nossa de cada dia, 73

Sumário

Construções com blocos, 74
Olha a bola!, 75

Dos 24 aos 27 meses
Olhe para você, 76
Sussurros, 77
Mexe que mexe, 78
Aprender versos, 79
Livre como o vento, 80
Hora de cheirar, 81
A história da fruta, 82
Consigo ajudar, 83
Meu lindo coelhinho, 84
Bem perto e bem pessoal, 85
Espelho, espelho meu, 86
Pincéis diferentes, 87
Observar árvores, 88
Brincar com bolas de sabão, 89

Dos 27 aos 30 meses
Hora do lanche, 90
Meu passarinho, 91
Toma-lá-dá-cá, 92
Contar histórias, 93
Estabelecer relações, 94
Joãozinho, fica esperto, 95
Consegue fazer também?, 96
Joguinho da memória, 97
Modinha do plim, plim, 98
Repetições, 99
Voa comigo, 100
Brincar de lavar carros, 101
Comidinhas e arco-íris, 102
Para despertar o cérebro, 103

Dos 30 aos 33 meses
A brincadeira da sequência, 104
E agora?, 105
Lá vem a Suzana bacana, 106
Inventar histórias, 107
Mais histórias, 108
Poemas favoritos, 109
Os opostos se atraem, 110
A loja de música, 111
Jantar com música, 112
Cantar junto, 113
Seleção de brinquedos, 114
Amarelinha, 115
O nome das cores, 116
Pequenas tarefas, 117
Gigantes e fadas, 118

Dos 33 aos 36 meses
Cesto de roupa, 119
Gelo colorido, 120
Mais gelo colorido, 121
Passos coloridos, 122
Desenhos com gizes coloridos, 123
Uma brincadeira de ritmo, 124
Cadê o Joãozinho?, 125
Impressões, 126
Versinhos de bolinhos, 127
É de quebrar a cabeça, 128
O que é, o que é?, 129
Instrumentos musicais, 130
Compras, 131
Cantar, pular, parar, 132
Brincadeira de mãos trocadas, 133
Exercício para ativar o cérebro, 134
Brincar com o pau de chuva, 135

Índice remissivo, 136
Referências, 141

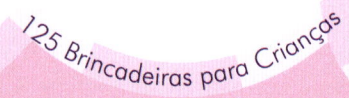

Introdução

Brincar com crianças de 1 a 3 anos é uma delícia. Elas são afetuosas, assertivas, irrequietas, questionadoras, curiosas, encantadoras, cheias de energia, engraçadas, independentes e alegres.

Durante os três primeiros anos de vida, o cérebro está formando conexões que vão determinar as capacidades e o potencial de uma vida inteira. Quem gosta e cuida de crianças dessa faixa etária tem um papel a desempenhar no sentido de garantir que esses primeiros anos sejam cheios de atividades e experiências interessantes que levem – com segurança – a seu desenvolvimento máximo.

A qualidade das primeiras experiências influencia a estrutura do cérebro da criança pela vida toda. O cérebro continua crescendo e se desenvolvendo depois do nascimento. O desenvolvimento do cérebro é um processo constante de criação e recriação de conexões entre os neurônios. Embora isso aconteça durante a vida inteira, na primeira infância o cérebro é programado geneticamente para produzir mais sinapses do que acaba usando. As podas servem para manter as conexões que fazem sentido e para eliminar aquelas que não têm razão de ser. Elas aumentam a eficiência com que o cérebro faz o que precisa fazer.

Quando a criança chega aos três anos de idade, seu cérebro já formou cerca de mil trilhões de conexões – mais ou menos o dobro do número de conexões dos adultos. O cérebro de uma criança pequena é superdenso e continua assim durante a sua primeira década de vida. Algumas células cerebrais – chamadas neurônios –

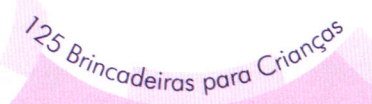

Introdução

são ligadas a outras células cerebrais antes do nascimento. Esses neurônios controlam as batidas do coração, a respiração e os reflexos da criança, e regulam outras funções essenciais à sobrevivência. O resto das conexões do cérebro estão só esperando para serem ativadas. As células do cérebro são inteiramente planejadas para fazer conexões. Cada uma envia sinais para outras células do cérebro e recebe informações. Esses sinais, sob a forma de impulsos elétricos, viajam por toda a extensão da célula nervosa. Certas substâncias químicas (como a serotonina), viajam de uma célula para outra, criando conexões. Uma única célula pode estar ligada a até 15 mil outras. A rede incrivelmente complexa de conexões que resulta desse processo é designada pelo termo "circuito". As conexões que os neurônios fazem uns com os outros são chamadas sinapses. Os filamentos receptivos das células nervosas, chamados dendritos, estão crescendo e se estendendo para formar trilhões de sinapses. O peso do cérebro triplica até chegar perto da maturidade adulta. Embora as várias partes do cérebro se desenvolvam em ritmos diferentes, estudo após estudo mostrou que o auge da produção de sinapses é o período compreendido entre o nascimento e mais ou menos os dez anos de idade.

A melhor maneira de desenvolver as conexões cerebrais das crianças pequenas é dar-lhes o que precisam – um ambiente interessante para explorar, seguro e cheio de pessoas que respondam às suas necessidades emocionais e intelectuais. A pesquisa cerebral confirma o que já sabemos: crianças pequenas precisam de pessoas amorosas e que lhes deem apoio, cantem para elas e as abracem, conversem com elas, leiam para elas. Todas as brincadeiras deste livro desenvolvem a capacidade cerebral de crianças de um a três anos. São os tijolos do aprendizado futuro – um começo sólido e gostoso para

Introdução

os pequenos. Toda brincadeira apresentada refere-se a uma determinada pesquisa cerebral. Podemos ajudar as crianças a se desenvolver e aprender fazendo-lhes perguntas que façam sentido para elas, expondo-as a um grande número de experiências, atividades e brinquedos, e, evidentemente, dando-lhes amor e segurança.

Este livro pretende ajudar a "desenvolver" o cérebro das crianças pequenas com brincadeiras educativas. Seja cantando, dançando, abraçando, fazendo carinho, embalando, conversando, cheirando ou sentindo o gosto, você pode fortalecer os circuitos do cérebro das crianças, levando-os a fazer novas conexões.

Com toda a pesquisa recente sobre o cérebro, podemos ter vislumbres incríveis sobre a evolução dos sentidos, das capacidades motoras, do desenvolvimento social e emocional, da memória, da linguagem e da inteligência.

No entanto, o mais importante de tudo é que finalmente podemos compreender que os familiares, os professores do maternal e do jardim de infância, as babás e outras pessoas que cuidam das crianças podem fazer contribuições maravilhosas para o desenvolvimento do seu cérebro.

Dos 12 aos 15 meses

Balanço

- Sente-se com seu filho no chão, um de frente para o outro.
- Sentem-se perto o bastante para poderem se dar as mãos.
- Segure ambas as mãos da criança e puxe-a delicadamente para a frente e, depois, empurre-a com cuidado para trás.
- Enquanto você vai para trás, puxe lentamente o seu filho na sua direção.
- Repita a ação de balançar. Dessa vez, enquanto segura ambas as mãos da criança, peça-lhe para puxar e empurrar você.

O que diz a pesquisa cerebral

Criar vínculos afetivos é crucial nos primeiros meses e anos de vida. A capacidade de uma criança se relacionar social e emocionalmente vai determinar a qualidade de suas interações com o mundo pelo resto da vida.

Dos 12 aos 15 meses

Muito amor

- Esta brincadeira desenvolve a capacidade de cuidar dos outros.
- Sente-se no chão com seu filho pequeno e ponha dois ou três de seus bichinhos de pano ou pelúcia a seu lado.
- Escolha um dos bichinhos e abrace-o. Diga palavras carinhosas, como "É tão gostoso brincar com você!" ou "Adoro te abraçar".
- Agora faça o mesmo com seu filho.
- Dê à criança um dos bichinhos e peça-lhe para abraçá-lo e beijá-lo.
- Continue com a brincadeira enquanto seu filho mostrar interesse. Você vai ver que logo ele vai estar fazendo essa brincadeira sozinho.

O que diz a pesquisa cerebral

Segundo o Dr. Bruce Perry, um psiquiatra do Baylor College of Medicine, as crianças que não recebem sua cota de amor nos primeiros anos de vida podem não ter as ligações cerebrais necessárias para estabelecer relações íntimas.

Dos **12** aos **15** meses

Engatinhar até o brinquedo

- Quando seu filho pequeno estiver engatinhando, estimule esse tipo de exercício com esta brincadeira.
- Coloque o brinquedo favorito dele numa ponta da sala.
- Abaixe-se e engatinhe até o brinquedo. Ao chegar lá, pegue o brinquedo e faça de conta que ele diz algo como "Ei, (nome da criança), será que você consegue me pegar?"
- Se o seu filho já estiver começando a andar, coloque o brinquedo num plano mais elevado para que ele tente se levantar para pegá-lo.
- Além disso, é muito divertido engatinhar em volta de seu filho.

O que diz a pesquisa cerebral

Engatinhar é um processo-chave que também desenvolve e fortalece as conexões nervosas do cérebro.

125 Brincadeiras para Crianças

13

Dos 12 aos 15 meses

Embale seu filho

- Segure seu filho nos braços e embale-o para um lado e para o outro enquanto canta canções de ninar ou outras músicas calmantes como:

  "Brilha brilha estrelinha"
  "Deixei meu sapatinho"
  "Teresinha de Jesus"
  "Patinhos"
  "A canoa virou"
  "Capelinha de melão"

- Se não souber a letra de uma canção, basta cantarolar uma melodia suave.
- Embale o seu filho enquanto canta. Em geral, isso acalma a criança e desenvolve a confiança dela em você.
- No fim da música, aperte o seu filho nos braços num abraço bem carinhoso.

O que diz a pesquisa cerebral

Alguns estudos mostraram que a exposição à música melhora o raciocínio espacial-temporal, que é a capacidade de ver partes de uma figura e organizá-la mentalmente, como num quebra-cabeça. A capacidade de aprender matemática depende desse tipo de raciocínio.

Dos 12 aos 15 meses

Brincar de ler

- Há muitas formas de ajudar seu filho pequeno a adquirir amor pela leitura, entre as quais as seguintes:
  - Incentive seu filho a brincar com livros simples mas com texturas diferentes, de pano ou cartolina dura.
  - Aponte as imagens dos livros e dê nome aos vários objetos.
  - Cante os versinhos dos livros.
  - Varie o tom de sua voz, faça caretas engraçadas ou outros efeitos especiais quando ler para estimular o interesse de seu filho por livros e histórias.
  - Leia frequentemente para seu filho pequeno, mas durante períodos curtos de tempo.

O que diz a pesquisa cerebral

Ler ou contar uma história para seu filho ajuda a "desenvolver" o cérebro dele e estimula a associação de livros com o que ele mais gosta: sua voz e sua proximidade.

Dos 12 aos 15 meses

Tudo sobre mim

- Faça com seu filho uma brincadeira simples de identificação das partes do corpo.
- Enquanto diz o nome de uma determinada parte do corpo, peça à criança para lhe mostrar essa parte.
- Depois que ela souber o nome de algumas partes do corpo, peça-lhe para dizê-lo quando você tocar nelas.

O que diz a pesquisa cerebral

Quando você diz muitas e muitas vezes o nome de cada parte do corpo, o cérebro forma conexões que vão permitir que a criança aprenda esses nomes. O cérebro cria essas conexões que formam nossos hábitos, nossa linguagem e nossos pensamentos desde o nascimento.

Dos 12 aos 15 meses

Marcação de ritmo

- Experimente tocar o corpo do seu filho marcando o ritmo de uma música quando lhe trocar as fraldas, na hora do banho ou qualquer outro momento.
- Cante sua música predileta (pode ser qualquer uma!) para seu filho pequeno e, ao mesmo tempo, encoste seu dedo indicador na sua barriguinha, ou nas costas, de acordo com o ritmo da música.
- Sempre termine a música com um beijo gostoso.
- Você também pode cantar a letra da música e encostar o dedo no corpo da criança quando disser uma determinada palavra. Por exemplo: "Se esta rua, se esta rua fosse... (encoste o dedo no seu filho na hora de dizer a palavra *rua*, mas não a cante.)
- Essa brincadeira ajuda a desenvolver o senso de ritmo da criança e a sua audição.

O que diz a pesquisa cerebral

Para o cérebro de uma criança pequena crescer e florescer, ela precisa se sentir amada, que alguém a pegue no colo, converse com ela, leia para ela e permita que explore seu meio ambiente.

Dos 12 aos 15 meses

Sentir o ritmo

- Ouça uma música com o seu filho ou cante a canção favorita da criança (ou a sua).
- Ajude-a a sentir o ritmo e o compasso segurando e dançando com ela, batendo palmas no ritmo, ou pegando as mãos da criança e batendo palminhas junto de acordo com a música.
- Para mais diversão use um chocalho ou outro som (por exemplo bata duas colheres de madeira ou metal) para acompanhar o ritmo.

O que diz a pesquisa cerebral

A música ajuda a criar um senso de padrão, importante para o aprendizado da matemática. Reconhecer padrões fortalece os circuitos cerebrais.

Dormir tarde

Dos 12 aos 15 meses

- Pegue seu filho no colo e diga os versos abaixo. Segure suas mãos bem para cima ao dizer a palavra "grande" e abaixe-as até os dedinhos do pé ao dizer a palavra "pequenininho".

  Se dormir tarde,
  Você vai ficar pequenininho.
  Se dormir cedo,
  Vai ficar bem grande.

- Toque nos dedinhos dos pés da criança ao dizer "pequenininho" e levante bem alto as suas mãos ao dizer "grande". Você também pode ficar de pé e pegar seu filho no colo. Dessa vez, você o põe no chão ao dizer "pequenininho" e o joga para cima ao dizer "grande".
- Fazer com seu filho coisas que ambos gostam é uma forma maravilhosa de criar um vínculo forte entre vocês dois.

O que diz a pesquisa cerebral

As crianças que têm pessoas amorosas, consistentes e sensíveis para cuidar delas desenvolvem uma capacidade cognitiva e social maior do que aquelas que não se beneficiam dessas atenções.

Dos 12 aos 15 meses

Parte da comunidade

- Ensine e incentive seu filho pequeno a acenar com a mãozinha para dizer "oi" e "até logo".
- Mesmo que ele ainda não se comunique com muitas palavras, ensine a ele alguns gestos da linguagem de sinais?

comer

mais *beber*

de novo

- Ensinar a seu filho várias formas de comunicação ajuda a desenvolver sua autoconfiança e vai lhe dar a sensação de fazer parte de algo maior.

O que diz a pesquisa cerebral

Relações de confiança criam um ambiente seguro no qual o desenvolvimento do cérebro pode chegar ao máximo.

Dos 12 aos 15 meses

Brincar de cantar em falsete

- Essa brincadeira deliciosa promove a expressão verbal da criança.
- Em vez de pronunciar as palavras no seu tom de voz normal, experimente usar um tom de falsete; use um tom de voz mais agudo ao pronunciar as palavras e depois um tom de voz mais grave.
- O famoso "Seu Lobato" pode ser cantado assim.
- Cante frases como "Vamos brincar com blocos" ou "Vou fazer cócegas em você".
- Sente-se no chão com seu filho pequeno e ponha um de seus brinquedos de pelúcia favoritos no seu colo. Cante para o brinquedo em sua voz de falsete e depois dê o brinquedo para a criança.
- Ele tentará imitar, e você logo vai ouvir seu filho fazendo a mesma brincadeira quando estiver sozinho.

O que diz a pesquisa cerebral

Conversar com uma criança pequena aumenta o número de palavras que ela vai reconhecer e depois entender. Ela também vai aprender melhor se conversarem com ela de vez em quando como se cantassem em falsete.

125 Brincadeiras para Crianças

Dos 12 aos 15 meses

Surpresa!

- Essa brincadeira desenvolve a coordenação motora fina.
- Diga as seguintes frases e faça movimentos para acompanhá-las:

> *Boneco na caixinha, boneco na caixinha* (feche os dedos da mão direita e esconda o polegar entre eles).
> *Está na hora de acordar e sorrir* (bata no punho com a outra mão, como se estivesse batendo numa porta).
> *Um, dois, três, quatro* (continue batendo).
> *Ele agora vai sair!* (tire o polegar de dentro dos outros dedos).

- Repita e estimule a criança a fazer os mesmos movimentos que você fez.

O que diz a pesquisa cerebral

Exercícios com mãos e dedos estimulam o crescimento do cérebro. Os pesquisadores verificaram efeitos positivos dos movimentos dos dedos e das mãos sobre o cérebro.

Dos 12 aos 15 meses

Encher o recipiente

- Arranje um recipiente inquebrável com uma boca relativamente grande em cima.
- Use blocos de madeira revestidos de tecido ou outros objetos seguros.
- Mostre a seu filho como jogar os objetos dentro do recipiente.
- Peça-lhe para encher o recipiente colocando os objetos lá dentro ou ficando de pé e deixando os objetos caírem.
- Faça a criança notar os sons dos objetos quando eles caem: alto ou baixo, suave ou estridente.

O que diz a pesquisa cerebral

As crianças pequenas precisam desenvolver o controle e a coordenação dos músculos para que, mais tarde, quando estiverem maiores, poderem realizar tarefas acadêmicas, como escrever.

Dos 12 aos 15 meses

Brincadeira importante

- À medida que seu filho cresce, lembra-se cada vez mais das coisas, consegue manter a concentração por mais tempo e gosta de imitar você.
- Observe suas brincadeiras e, quando surgir a oportunidade, acrescente outra dimensão ao que ele está fazendo.
- Se o seu filho está fingindo conversar ao telefone, responda como se você fosse outra pessoa: "Oi, Mariana, aqui é a vovó. Como você está?"
- Se a criança estiver segurando um bloco, você pega um segundo bloco e coloca em cima do dela.
- Diga a seu filho que está pondo o bloco *em cima* do bloco dele. Depois tire o bloco de lá. Outras ações e palavras que você pode usar são *em frente, atrás* etc.
- Se você perceber que a criança está ficando excitada demais ou que perdeu o interesse na brincadeira, introduza uma atividade de ritmo mais lento ou deixe seu filho brincar como quiser por algum tempo.

O que diz a pesquisa cerebral

Orientar delicadamente o seu filho para o próximo passo aumenta a sua capacidade cerebral.

Dos 12 aos 15 meses

As maravilhas da música

- Ouvir tipos diferentes de música aumenta a autoestima de seu filho e promove a criatividade, a autoconfiança e a curiosidade.
- Experimente essas ideias:
  - Toque canções de ninar e embale seu filho nos braços.
  - Toque marchas militares e marche pelo quarto ou pela sala com a criança nos braços. Você pode até dizer a palavra *marche* enquanto se movimenta. Ou cantar *Marcha, soldado, cabeça de papel, se não marchar direito, vai preso no quartel!*
  - Toque música suave e delicada enquanto desliza pelo quarto com seu filho no colo.
  - Toque música rápida enquanto estiver com o seu filho no colo e bata palmas com as mãozinhas dele bem depressa.

O que diz a pesquisa cerebral

A música estimula a formação de conexões no cérebro. Um estudo da Universidade da Califórnia descobriu que a música treina o cérebro para formas mais elevadas de pensamento. Os pesquisadores acreditam que a música afeta o raciocínio espacial-temporal (a capacidade de perceber as relações parte/todo).

125 Brincadeiras para Crianças

Dos 15 aos 18 meses

Os nomes das coisas

- Essa brincadeira desenvolve o raciocínio das crianças pequenas.
- Quando as crianças estão aprendendo a andar, gostam de repetir o próprio nome muitas e muitas vezes. Às vezes chamam os outros pelo seu próprio nome porque não sabem ainda que o nome e a pessoa são a mesma coisa.
- Para ajudar as crianças de um a três anos a perceber que as pessoas e os objetos têm nomes distintos, toque um objeto, como a mesa, por exemplo.
- Pegue a mão da criança e coloque-a sobre a mesa enquanto você diz "mesa".
- Toque a mesa de novo e diga, "(nome da criança)" está tocando a mesa". Ao dizer isso toque a mesa.
- Repita essa brincadeira tocando outros objetos ou partes do corpo da criança.
- Faça isso com outros objetos ou pessoas que a criança conhece.

O que diz a pesquisa cerebral

A pesquisa mostra que experiências sensoriais e interações sociais com adultos receptivos desenvolvem a habilidade mental.

Dos 15 aos 18 meses

Construção

- Dê a seu filho blocos ou outros materiais que possam ser empilhados.
- Conte ou descreva os objetos enquanto seu filho os empilha.
- Incentive seu filho a continuar empilhando os blocos e construindo novas formas com eles.
- Uma hora a estrutura vai desabar, ou seu filho pode resolver desmanchar tudo o que fez.
- Converse com seu filho sobre o que acontece quando a pilha cai ou é demolida.

O que diz a pesquisa cerebral

As capacidades motoras grossa (básica) e fina são necessárias para a realização de muitas tarefas. A coordenação olho-mão é indispensável para o desenvolvimento dessas capacidades.

Dos 15 aos 18 meses

Faça tudo o que seu chefe mandar

- Ao incentivar seu filho pequeno a imitar você realizando atividades diferentes, você o ajuda a desenvolver sua capacidade de observação e audição.
- Se o seu filho estiver engatinhando, você pode engatinhar para partes diferentes de uma sala e fazer atividades engraçadas.
- Se o seu filho já estiver andando, você pode realizar as mesmas atividades engraçadas caminhando ou combinando caminhar e engatinhar.
- Descreva o que está fazendo. Por exemplo: "Estou andando (ou engatinhando) lentamente em volta da cadeira."
- Eis aqui algumas ideias:
  - Engatinhe ou ande até a parede e diga "uh, uh!"
  - Engatinhe ou ande até a porta e conte até três.
  - Caminhe completando um círculo e sente-se dizendo, "Chi, chi, bum!"

O que diz a pesquisa cerebral

O cérebro de uma criança desenvolve-se graças ao feedback de seu ambiente. Ele "liga-se" mental ou emocionalmente a um órgão com base em suas experiências.

Dos 15 aos 18 meses

Cantar

Eu sou um pequeno bule

- Cante para seu filho a qualquer hora do dia – quando está no carro, esperando na fila do supermercado ou sentada no consultório do médico. Toda hora é hora boa para cantar.
- Não se preocupe em cantar sem desafinar ou se mudar as palavras de uma canção. Gostar de cantar é o que conta.
- Seguem-se algumas sugestões de músicas, embora qualquer uma que você conheça e goste sirva perfeitamente.

    "Sapo Jururu" "Borboletinha"
    "Machadinha" "Os indiozinhos"
    "Fui morar numa casinha" "Pombinha branca"

- Cante as canções várias vezes e acrescente ações.
- Movimente as mãos do seu bebê para ajudá-lo a bater palmas, fazer ondas, ou outros movimentos. Ou faça o movimento uma vez e peça para o bebê repetir.

O que diz a pesquisa cerebral

Quanto mais cedo uma criança for apresentada à música, tanto mais potencial ela terá para aprender e gostar de música.

Dos 15 aos 18 meses

Hora de contar histórias

- Essa brincadeira desenvolve a capacidade de pré-leitura das crianças pequenas e ajuda-as a gostar de livros e de ler.
- Ler livros para crianças de um a três anos pode ser frustrante. É importante entender que dois a quatro minutos é o tempo que seu filho pequeno consegue ficar sentado quieto.
- As crianças pequenas interessam-se por livros com fotos de crianças fazendo coisas familiares como comer, correr e dormir.
- Livros que dizem "oi" e "tchau" são populares nessa faixa etária.
- Rimas simples e texto previsível também são critérios importantes para escolher um livro para uma criança que está começando a andar.
- Para aumentar o interesse de seu filho por um livro, substitua o seu nome pelo nome de uma criança do livro.
- Você pode ler em qualquer lugar – na cama, na hora de dormir, na hora do banho (usando livros à prova d'água), sentada no chão, num balanço ou numa rede.

O que diz a pesquisa cerebral

Ler livros em voz alta estimula a imaginação das crianças e expande sua compreensão do mundo. Ajuda-as a desenvolver a linguagem, a audição e prepara-as para compreender a palavra escrita.

Brincar de abraçar

Dos 15 aos 18 meses

- Abraçar seu filho é uma forma muito eficaz de desenvolver a capacidade cerebral da criança.
- Em momentos de perigo, o abraço é mais importante ainda.
- Quando seu filho pequeno for onde não pode ir, pegue-o no colo e abrace-o, explicando que "Você não pode ir lá porque é perigoso."
- Pelo jeito de você segurá-lo ao dizer essas palavras, ele vai entender que você gosta dele e quer protegê-lo.

O que diz a pesquisa cerebral

As crianças pequenas apaixonam-se pelos pais. Os psicólogos chamam isso de "vínculo". Essa afirmação foi feita pela primeira vez pelo psiquiatra inglês John Bowlby na década de 1950; a teoria do vínculo continua sendo uma das mais sólidas teorias do século 20 sobre o desenvolvimento humano.

125 Brincadeiras para Crianças

Dos 15 aos 18 meses

Enrola, enrola

- Ponha o seu filho no chão em cima da ponta de um lençol ou toalha de banho. (Mantenha a cabecinha dele fora do lençol ou toalha).
- Com cuidado, ajude seu filho a rolar pelo lençol enquanto você o enrola nele em volta do corpo.
- Pegue no colo o seu filho enrolado no lençol e embale-o para lá e para cá, rindo e beijando-lhe o rosto.
- Inverta o processo e ponha o seu filho no chão com cuidado, fazendo-o rolar de novo enquanto retira o lençol.

O que diz a pesquisa cerebral

Criar vínculos afetivos é algo crucial nos primeiros anos. Quanto mais a criança se sentir alimentada, amada, cuidada e segura, tanto mais sólido é o seu bem-estar emocional.

Dos 15 aos 18 meses

Todo mundo dorme

- É muito importante criar para seu filho uma rotina para a hora de dormir.
- Arranje uma caixa ou um móvel apropriado para ser mais uma caminha no quarto de seu filho.
- Deixe que ele coloque uma boneca ou bicho de pelúcia ou feltro na cama e cubra o brinquedo com um lençol.
- Depois que seu filho ajudou a pôr a boneca ou bichinho pra dormir, vai estar mais disposto a tirar uma soneca ou a ir para a cama.

O que diz a pesquisa cerebral

O cérebro precisa de repetição para processar informações. Quando recebe dados novos, o cérebro procura algo parecido para compreender essas novas informações.

125 Brincadeiras para Crianças

Dos 12 aos 15 meses

Tudo fala

- Essa é uma forma divertida de desenvolver a capacidade de expressão verbal de uma criança.
- Pegue seu bichinho de pelúcia como um ursinho ou pano favorito e segure-o na altura da sua orelha como se estivesse ouvindo o que ele está dizendo. Diga à criança o que o ursinho falou: "Vamos brincar".
- Use uma voz bem aguda ao dizer as palavras "Vamos brincar."
- Dê o ursinho a seu filho e pergunte-lhe o que acha que o ursinho disse.
- Continue com a mesma brincadeira perguntando-lhe o que os diferentes brinquedos ou objetos do quarto dizem. Por exemplo: uma cadeira pode dizer "devagar".
- Sempre use uma voz de falsete ao falar no lugar de um brinquedo ou objeto.

O que diz a pesquisa cerebral

O cérebro de seu filho pequeno está construindo os circuitos que serão usados pelo resto da vida. As conexões que são usadas repetidamente se tornam permanentes. Tudo o que você faz com o seu filho – brincar, conversar, comer, passear, ler, fazer carinho, cantar – ajuda a ativar seu cérebro. Quando usa sua imaginação com ele, você ajuda seu cérebro a se apropriar dos "circuitos da imaginação".

125 Brincadeiras para Crianças

Có-có-có

Dos 15 aos 18 meses

- Essa é uma maravilhosa brincadeira com os dedos que vai ajudar a desenvolver os movimentos motores menores da criança e divertir vocês dois.
- Sente seu filho pequeno no colo e movimente os dedos de acordo com os versinhos:

Có-có-có (imite uma galinha).
Có-có-có
Bom dia, dona galinha.
Quantos pintinhos você tem?
Madame, tenho dez (levante os dez dedos da criança).
Quatro são amarelos (abaixe os quatro dedos de uma mão, deixando só o polegar para cima)
E quatro são marrons (abaixe os quatro dedos da outra mão, deixando o polegar para cima)
E dois têm pintinhas vermelhas (toque os polegares das duas mãos)
Os mais lindos da cidade (beije os dois polegares da criança).

O que diz a pesquisa cerebral

Exercícios com músculos pequenos como os dos dedos estimulam o crescimento do cérebro. Os pesquisadores já provaram a existência de efeitos positivos do movimento dos dedos e das mãos sobre o cérebro.

Dos 15 aos 18 meses

Bon jour e Buenos dias

- Seu filho pequeno está na idade ideal para se expor ao som de línguas estrangeiras.
- Se você for bilíngue, converse com seu filho pequeno em ambas.
- Comece com palavras simples como números, cores e partes do corpo.
- Mesmo que você só fale português, tente dizer "oi" em línguas diferentes.

> *Hola* (rolá) – espanhol
> *Ciao* (tchau) – italiano
> *Moshi* – japonês
> *Jambo* – uma língua africana
> *Shalom* – israelense
> *Yasso* (iazu) – grego

- Ouça músicas em outra língua. Você vai ficar espantada de ver a rapidez com que seu filho as entende. Mesmo que ainda não esteja falando as palavras, o cérebro está mandando todos os sinais certos para essa língua ser preservada.
- Se conhece alguém que fale outro idioma, visite-o com o seu bebê para que ele ouça a pessoa falar na língua dela.
- Leia histórias que incorporem outras línguas à sua língua materna.

O que diz a pesquisa cerebral

Quando uma criança ouve os sons de uma língua, formam-se no cérebro conexões nervosas que vão permitir à criança aumentar o vocabulário nessa língua. Pesquisas recentes sugerem que, idealmente, a exposição a uma segunda língua deve começar no nascimento.

Um pezinho que eu amo

Dos 15 aos 18 meses

- Sente-se no chão com seu filho no colo.
- Levante um de seus pés e diga o seguinte:

   Esse pezinho que eu amo,
   Esse pezinho que eu amo,
   Vai para a esquerda, (leve o pé de seu filho para a esquerda)
   Vai para a direita, (leve o pé de seu filho para a direita)
   Esse pezinho que eu amo.

- Beije o pé de seu filho.
- Repita as frases durante o tempo que seu filho ficar quieto no seu colo.
- Diga as mesmas frases referindo-se a partes diferentes do corpo.

   Essa mãozinha...
   Esse dedinho...
   Essa cabecinha...

O que diz a pesquisa cerebral

Entre 12 e 18 meses, as emoções começam a se desenvolver, inclusive aquelas intimamente ligadas à memória de longo prazo. As crianças de um ano precisam de vínculos afetivos seguros com o principal responsável – pessoa que tem de ser sensível e previsível. O sentimento de segurança torna-se gradualmente parte do seu senso de identidade, permitindo-lhe aventurar-se no mundo com confiança e entusiasmo.

Dos 15 aos 18 meses

A vaca diz "Mu"

- As crianças pequenas gostam de ouvir os sons dos animais. Aprender os sons dos animais é muitas vezes o primeiro passo para um começo de linguagem.
- As crianças pequenas precisam emitir tantos sons quantos puderem. Quanto mais falarem, tanto mais vão querer falar.
- Mostre-lhe livros com ilustrações de animais e pronuncie os sons característicos de cada um deles.
- Imite os sons de um animal que a criança já reconhece e peça-lhe para lhe mostrar uma ilustração no livro do animal que faz esse som.
- Acrescente outros sons a seu repertório – o som de um carro, de um caminhão de bombeiros, de pássaros etc.
- Ajude a criança a perceber os sons à sua volta.

O que diz a pesquisa cerebral

O cérebro tem uma capacidade ilimitada de armazenar informações. Toda vez que processa novas informações, passa por mudanças físicas e químicas que formam redes nervosas.

Dos 15 aos 18 meses

Bater palminhas – na cabeça!

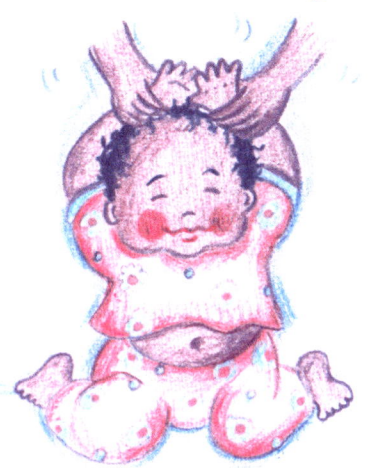

- Mostre a seu filho formas diferentes de bater palmas.
  - Segure a palma esquerda virada para cima e a palma direita virada para baixo. Movimente a palma direita para que ela bata na palma esquerda.
  - Inverta, segurando a palma direita virada para cima e a esquerda virada para baixo para bater na palma direita.
  - Bata as mãozinhas do seu filho por trás da cabeça.
  - Bata as mãozinhas dele no lado esquerdo.
  - Bata as mãozinhas de seu filho do lado direito.
- Cante suas músicas prediletas enquanto seu filho bate palmas de diferentes formas.

O que diz a pesquisa cerebral

Fazer a mesma atividade de muitas formas diferentes deixa o cérebro mais alerta e ajuda a promover o aprendizado.

Dos 15 aos 18 meses

Movimentos e música

- Quanto mais movimentos você fizer ao cantar músicas, tanto mais seu filho vai curtir.
- Invente ou use movimentos já conhecidos para acompanhar certas músicas, como os do *Pirulito, que bate, bate*, onde você e seu filho batem primeiro as mãos nas laterais do corpo, depois cruzam as mãos para bater nos ombros (mão direita no ombro esquerdo e mão esquerda no ombro direito) e, em seguida, abrem as palmas das mãos, que devem bater cruzadas uma na outra (sua mão esquerda na mãozinha direita, sua mão direita na mãozinha esquerda).
- Outra música que você pode usar nesse tipo de brincadeira é *Cai, cai, balão*, inventando movimentos que imitem o balão caindo, que digam não para a rua do sabão e apontem a mão aberta, com a palma para cima, indicando onde o balão deve cair.
- Outra cantiga interessante para essa brincadeira é *O cravo brigou com a rosa*, onde você também pode criar movimentos para imitar uma briga e a rosa caindo desfalecida.

O que diz a pesquisa cerebral

Quando você canta e bate palmas, ou acena com as mãos e movimenta os braços para cima e para baixo, você (e seu filho) está usando ambos os lados do cérebro.

Dos 18 aos 21 meses

Olhar para mim

- Olhe-se num espelho com seu filho pequeno e deixe-o observar o próprio rosto enquanto faz coisas diferentes.
- Enquanto ele se olha no espelho, peça-lhe para fazer o seguinte:
  - sorrir;
  - pôr a língua para fora e examiná-la;
  - abrir e fechar a boca;
  - olhar os dentes.
- Dê-lhe algo para comer e deixe-o observar-se mastigando (com a boca fechada).
- Essa brincadeira o ajuda a tomar mais consciência de si e de suas capacidades.

O que diz a pesquisa cerebral

As experiências sensoriais e as interações sociais com adultos receptivos ajudam a criança a desenvolver o raciocínio.

Dos 18 aos 21 meses

Gato e rato

- Diga a seu filho que você é um ratinho e que ele é um gato que vai caçar você.
- Diga-lhe que o rato diz "*Squiik, squiik*", e o gato diz "*Miau, miau*".
- Deite-se no chão e diga, "Você não consegue me pegar!" Comece a engatinhar bem depressa e incentive seu filho a pegá-lo.
- Engatinhe para trás de móveis, para baixo de mesas e para outros cômodos da casa.
- Quando a criança entender a brincadeira, troque de papel.
- Essa é uma forma maravilhosa de desenvolver os grandes músculos motores.

O que diz a pesquisa cerebral

Os exercícios formam e fortalecem as pontes nervosas necessárias para dominar as faculdades cognitivas mais tarde.

Pezões

Dos 18 aos 21 meses

- Arranje uns sapatos grandes e deixe seu filho calçá-los e tentar andar.
- Essa brincadeira é divertidíssima. Pode ser um desafio para seu filho manter o equilíbrio enquanto vai de um lugar para outro!

O que diz a pesquisa cerebral

Compreender como o corpo se movimenta e como se situa no espaço ajuda a desenvolver a percepção de si e o autocontrole.

Dos 18 aos 21 meses

Palavras, palavras, palavras

- Recorte ilustrações de coisas familiares como animais, bebês e comida de uma revista.
- Observe as ilustrações com seu filho e converse sobre cada uma delas.
- Por exemplo, aponte para uma vaca e diga: "A vaca está na fazenda. 'Mu, mu' diz a vaca."
- Depois pergunte a seu filho o que a vaca faz. Se ele não responder, repita as palavras mais uma vez.
- Aponte para um bebê e diga: "O bebê está no berço. O bebê diz, 'uá, uá'". Depois pergunte a seu filho o que o bebê faz.
- Converse sobre uma ilustração que seu filho já viu e depois acrescente uma nova.
- Deixe seu filho escolher as ilustrações e falar sobre elas, ou então invente uma história simples e curta sobre uma das ilustrações.

O que diz a pesquisa cerebral

As crianças aprendem uma língua ouvindo as palavras muitas e muitas vezes. É por isso que quanto antes você começar a conversar com as crianças, tanto melhor.

Dos 18 aos 21 meses

Alguém especial

- Desenvolva a audição de seu filho dizendo-lhe o seguinte:

  *Conheço alguém especial.
  Você quer saber quem é?
  Vou rodar e rodar de novo,
  (gire)
  E depois encontrar você!
  (aponte para a criança)*

- Peça a seu filho para girar enquanto você pronuncia as frases acima.
- Repita as frases mudando a ação. Em vez de girar, você pode pular, bater palmas, voar como um pássaro etc.
- Essa brincadeira desenvolve a audição da criança porque ela precisa distinguir as palavras para saber o que fazer.

O que diz a pesquisa cerebral

Quando as crianças têm um ambiente acolhedor nos seus primeiros anos de vida, costumam ter um QI maior e ajustam-se mais facilmente a novas situações.

Dos 18 aos 21 meses

Ajuda mútua

- Quando estiver realizando algum trabalho doméstico, descubra alguma coisa segura e apropriada para o seu filho fazer.
- Seu filho pode praticar a capacidade seletiva escolhendo roupas para lavar. Por exemplo, pode separar todos os pares de meias, depois todas as camisas, e por aí vai.
- Arranje um saco ou caixa para o seu filho ajudar você a pegar os brinquedos ou outros objetos espalhados pela casa.
- Incentive seu filho dizendo-lhe que está ajudando muito quando vocês trabalham juntos.

O que diz a pesquisa cerebral

Trabalhar junto com alguém de forma lúdica cria um sentimento positivo de afeto e autoestima saudável.

Dos 18 aos 21 meses

Vamos conversar

- Conversar com a criança desenvolve sua capacidade de expressão verbal.
- Escolha um assunto pelo qual ele se interesse. Pode ser um brinquedo, os avós ou bichinhos de estimação.
- Acrescente palavras descritivas enquanto conversa sobre um determinado assunto. Diga, por exemplo, "Gosto desse coelhinho. Ele é tão macio e aconchegante..."
- Ao dizer essas palavras, pegue o brinquedo no colo e acaricie-o.
- Dê o coelhinho à criança. Repita as palavras e incentive-a a pegar o brinquedo no colo e acariciá-lo.
- As palavras "macio" e "aconchegante" podem se aplicar a outros brinquedos.
- Logo essas palavras descritivas vão se tornar parte do vocabulário da criança.

O que diz a pesquisa cerebral

As primeiras experiências são cruciais. Quando a criança chega à idade escolar, seu aprendizado é construído sobre os alicerces lançados nos seus três primeiros anos de vida.

125 Brincadeiras para Crianças

Dos 18 aos 21 meses

Tocar os animais

- Faça uma viagem até uma fazenda ou vá a um zoológico de animais de estimação que ofereça interação com eles.
- Enquanto você olha, toca, acaricia, pega no colo e ouve os animais, converse com seu filho sobre tudo o que está acontecendo à sua volta.
- Use uma linguagem bem variada ao falar dos animais.
- Pergunte a seu filho o nome dos bichos que ele reconhece em função das gravuras dos livros.
- Ouça as vozes dos animais e incentive seu filho a imitá-los.

O que diz a pesquisa cerebral

A melhor maneira de fazer o cérebro funcionar é oferecer à criança um grande desafio num ambiente seguro. Experiências seguras, novas e divertidas fortalecem as conexões entre os neurônios.

Dos 18 aos 21 meses

Vamos fazer música!

- As crianças pequenas reagem melhor à música quando sua experiência vem acompanhada de movimentos.
- Faça brincadeiras nas quais você possa embalar, dar tapinhas leves, bater palmas e andar de um lado para outro.
- Escolha três cantigas famosas e use movimentos especiais para cada uma delas.
  - *Pirulito, que bate, bate* – use os movimentos associados tradicionalmente a essa música.
  - *Cai, cai, balão* – use os movimentos que imitem a queda do balão.
  - *O cravo brigou com a rosa* – use movimentos que imitem uma briga e um desmaio.
- Escolha um dos movimentos e peça a seu filho para cantar a música com você.
- Depois que ele estiver familiarizado com os movimentos escolhidos, você pode fazer duas coisas:
  - Realizar um movimento e pedir a ele para lhe dizer de que música é.
  - Pedir-lhe para fazer um movimento, depois do qual vocês dois cantam a música juntos.

O que diz a pesquisa cerebral

As brincadeiras com música que combinam movimentos rítmicos com o canto desenvolvem a memória da criança.

Dos 18 aos 21 meses

Os clássicos

- Ouvir música clássica é uma atividade maravilhosa para você fazer com seu filho pequeno.
- Dance ao som da música e incentive seu filho a acompanhar você.
- A música clássica suave também é excelente para tocar na hora de dormir.
- Aqui vão algumas sugestões de músicas clássicas:
  - *Danúbio azul* (Johann Strauss) – música contagiante que faz você dançar.
  - *Carnival of the Animals* (Camille Sant-Saens) – os instrumentos imitam animais.
  - *A abertura de Guilherme Tell* (Gioccino Rossini) – música familiar, viva.
  - *O quebra-nozes* (Peter Ilyith Tchaikovsky) – excelente para encenações.
  - *Clair de Lune* (Claude Debussy) – música que descreve o luar.

O que diz a pesquisa cerebral

Quando ouvem música clássica, as crianças fortalecem os circuitos cerebrais usados mais tarde para a matemática. Ouvir música também consolida as trajetórias inerentes ao cérebro que são usadas para tarefas racionais complexas.

125 Brincadeiras para Crianças

Dos 18 aos 21 meses

Pula, pula

- Ajude a criança pequena a desenvolver a expressão verbal dizendo as seguintes frases e realizando as ações correspondentes:

    Pula, pula, pula, (pule como um coelho)
    Pula, pula, pára. (pare de pular).
    Estou cansado, estou cansado, (boceje)
    Acho que vou cair. (caia no chão)

- Depois que parar de pular, pergunte à criança por quê o coelhinho ficou tão cansado.
- Converse sobre os lugares para onde o coelhinho pode ter ido – para o quintal, para o fim da rua, para trás de um arbusto, para um jardim.
- Apresente as palavras à criança e, antes de você se dar conta, ela estará construindo suas próprias frases.

O que diz a pesquisa cerebral

O número de palavras que uma criança ouve nos três primeiros anos de vida tem uma influência direta com o tamanho do vocabulário que ela vai ter quando estiver adulta.

Dos 18 aos 21 meses

Meu cantinho

- Leve seu filho para passear e procure uma área gramada. Leve um bambolê, uma corda de pular ou outro objeto qualquer que o ajude a demarcar um espaço.
- Sente-se na grama junto com ele e observe todas as coisas que estão dentro do espaço demarcado.
- Incentive seu filho a descobrir insetos, a notar a grama, as folhas, os galhos, as pedras e todas as outras coisas que estiverem dentro do círculo.
- Converse com seu filho sobre as coisas eu ele vê, toca e das quais possivelmente sente o cheiro.

O que diz a pesquisa cerebral

A exploração livre, a escolha autônoma e a descoberta são da maior importância para fazer conexões entre os neurônios, e também para fortalecer a capacidade de concentração numa tarefa, além de promover o autocontrole.

Dos 18 aos 21 meses

Escute só

- Leve a criança para fora de casa.
- Ajude-a a tomar consciência dos sons maravilhosos que existem ao ar livre.
- Comece ouvindo os pássaros. Quando ouvir um passarinho cantar, tente imitar o som e diga-lhe que está fazendo o "som dos passarinhos".
- Se continuar com essa atividade, ela vai perceber o som e tentar imitá-lo.
- Acrescente novos sons, como o do vento soprando ou grilos cantando.
- Ouça outros sons em seu ambiente, como os sons de carros, motocicletas e trens.

O que diz a pesquisa cerebral

Exponha seu filho pequeno a uma grande variedade de estímulos sensoriais – cores, música, linguagem verbal, sons naturais e mecânicos, texturas, cheiros, sabores – para que, quando adulto, ele tenha a maior flexibilidade possível para aprender.

Dos 18 aos 21 meses

Um programa especial

- Leve seu filho à livraria mais próxima. Procure escolher um dia em que haja lá atividades de grupo programadas para as crianças da idade do seu filho.
- Deixe seu filho escolher um livro para folhear e levar para casa.
- Tente descobrir se há outras atividades e brincadeiras na livraria para ficar lá por mais tempo.
- Revisite a livraria com frequência para o seu filho pequeno conhecer um lugar maravilhoso e procure descobrir livros novos e interessantes.

O que diz a pesquisa cerebral

O cérebro procura modelos para criar novos circuitos de neurônios. As rotinas e as interações repetidas tornam-se norma e quadros de referências para a vida inteira.

Acentos tônicos importantes

Dos 18 aos 21 meses

- Recitar suas rimas infantis prediletas é uma forma maravilhosa de desenvolver a linguagem verbal e, futuramente, a capacidade de leitura.
- Experimente essa brincadeira com versinhos que a criança já conheça.
- Diga os versos, quaisquer que sejam, e enfatize a primeira palavra de cada um deles.
- Qualquer verso serve, mas os seguintes funcionam bem:
    - "Pirulito que bate bate"
    - "A minha gatinha parda"
    - "Se esta rua fosse minha"
- Faça experiências com seus versinhos favoritos.

O que diz a pesquisa cerebral

Os cientistas descobriram que as crianças pequenas desenvolvem um gosto evidente por palavras com acentos tônicos na primeira sílaba.

Dos 18 aos 21 meses

Brincar de cozinhar

- Cozinhar ou preparar comidas simples com crianças pequenas pode ser uma experiência completa de aprendizado, e uma experiência muito lúdica e divertida também!
- Cozinhar ou preparar comidas com crianças pequenas pode incluir experiências de sentir as texturas, os cheiros dos alimentos, conversas sobre as formas e tamanhos e discussão de cores.
- Eis aqui uma atividade simples na cozinha para fazer com seu filho pequeno:
  - Corte uma banana em pedaços pequenos.
  - Ponha cada pedaço numa colher.
  - Mergulhe o pedaço de banana num copinho com suco de laranja.
  - Passe o pedaço de banana embebido no suco em flocos de côco ralado.
  - Coma!

O que diz a pesquisa cerebral

Quando cuida do seu filho com carinho e sensibilidade, você fortalece as conexões que vão permitir que ele enfrente momentos difíceis.

Músicas e imagens

Dos 18 aos 21 meses

- Encha um recipiente inquebrável e de boca larga com imagens associadas a cantigas e músicas bem conhecidas. Por exemplo: use a imagem de um balão para "Cai, cai, balão".
- Folheie revistas e catálogos com seu filho pequeno em busca de imagens que representem coisas e animais que ele já conhece.
- Deixe seu filho escolher uma imagem do recipiente e cantem juntos a música associada a ela.
- Eis aqui algumas ideias:
  - Sinos: "Toca o sino, pequenino, sino de Natal!"
  - Bolo de aniversário: "Parabéns pra você!"
  - Sapo: "O sapo não lava o pé"
  - Rosa e cravo: "O cravo brigou com a rosa"
  - Limão: "Meu limão, meu limoeiro..."
  - Gato/gata: "A minha gatinha parda, que em janeiro me fugiu..."
  - Soldado: "Marcha, soldado, cabeça de papel..."

O que diz a pesquisa cerebral

Os estudiosos do cérebro dizem que a música e a atividade de cantar induzem o cérebro a processar novos conhecimentos e fortalecem a memória. O canto e a música promovem o uso de muitos sentidos, o que também ajuda no aprendizado e desenvolvi-mento da fala. As atividades musicais usam ambos os hemisférios do cérebro, o que o prepara para tarefas mais difíceis no futuro.

125 Brincadeiras para Crianças

Dos 18 aos 21 meses

Fabricar joias

- Pegue o tubo de papelão que vem no meio de um rolo de papel de cozinha.
- Fixe o tubo numa mesa com fita crepe para o seu filho poder decorá-lo com lápis de cor. Vire o tubo de vez em quando até ele ficar inteiramente coberto de desenhos.
- Corte o tubo em pedaços pequenos e faça um colar com eles usando um pedaço de fio de lã.
- Ponha o colar em seu filho e veja o orgulho com que ele usa um objeto que ele mesmo criou.

Alerta de segurança: sempre que ele usar o colar, tome um cuidado especial para que o mesmo não apresente perigo de asfixiá-lo.

O que diz a pesquisa cerebral

O cérebro aprende a faz conexões entre os neurônios sempre que a criança brinca.

Dos 21 aos 24 meses

Bater palminhas

- Cante o seguinte bem devagar:

  Palmas, palmas, palmas, (bata palmas)
  Pé, pé, pé, (bata o pé no chão)
  Roda, roda, roda, (gire)
  Caranguejo peixe é!

- Repita, porém mais rápido. Cante essa música com ações diferentes. Sempre realize as ações devagar no começo, depois aumente a velocidade. Quando as crianças realizam atos depressa e devagar, começam a internalizar os conceitos de velocidade.

- Outras ações incluem rolar as mãos, sacudir as mãos, fazer ondas com as mãos, bater os pés, sacudir os quadris.

O que diz a pesquisa cerebral

As experiências musicais nos primeiros anos de vida estimulam e promovem o raciocínio espacial-temporal, que facilita o aprendizado de conceitos matemáticos.

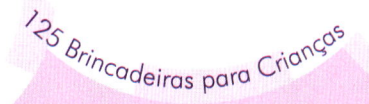

Dos 21 aos 24 meses

Sons variados

- Arranje vários tipos de recipientes com tampas que possam ser fechadas hermeticamente.
- Encha cada um deles com um material diferente, como areia, botões, sinos, pedras, contas de colar, alpiste etc.
- Use uma supercola para fixar as tampas e depois tampe as beiradas com fita crepe. Você pode decorar a parte externa dos recipientes, se quiser.
- Dê a seu filho pequeno a oportunidade de sacudir e fazer barulho com cada recipiente. Você pode deixar um deles vazio, só para variar.
- Converse com seu filho sobre os diversos sons que ele escuta ao sacudir os recipientes.

O que diz a pesquisa cerebral

A discriminação auditiva (dos sons) é o primeiro passo para a criança conseguir discriminar os sons das letras – o que vai facilitar o aprendizado da leitura.

Aprender brincando

Dos 21 aos 24 meses

- Escolha vários objetos, como escova de dentes, colher ou xícara com o qual seu filho tenha familiaridade e use regularmente.
- Coloque-os no chão.
- Sente-se na frente dos objetos.
- Escolha um deles, como a escova de dentes, e faça de conta que está escovando os dentes.
- Pegue cada objeto e faça de conta que o está usando.
- Peça a seu filho para escolher um dos objetos e mostrar-lhe como o usaria.
- Essa é uma brincadeira maravilhosa para as faculdades cognitivas de seu filho e ajuda-o a imaginar outras coisas a fazer com o mesmo objeto, como usar uma xícara para beber e para aguar as plantas, por exemplo.

O que diz a pesquisa cerebral

A pesquisa cerebral confirma o que os educadores sabem há muito tempo: as primeiras experiências sociais e emocionais são as sementes da inteligência humana. Desenvolver os circuitos nervosos cerebrais ajuda essas sementes a crescer.

125 Brincadeiras para Crianças

Dos 21 aos 24 meses

Fofura, gracinha!

- Para dar a seu filho a sensação de segurança, diga o seguinte:

    Fofura, gracinha!
    Veja só quem está aqui!
    (Diga o nome da criança.)
    Fofura, gracinha!
    Você é meu amor!
    O querido da mamãe (ou do papai).

- Pegue a criança no colo e dê-lhe um abraço carinhoso.
- Repita as palavras novamente; depois de abraçá-lo outra vez, jogue-o para cima e, quando o pegar de novo, dê-lhe um beijo estalado.
- Tente embalá-lo, ou girar com ele devagar pelo quarto ou sala, ou movimentar-se com ele de alguma outra forma carinhosa.
- Seu filho vai adorar!

O que diz a pesquisa cerebral

Quando as crianças recebem cuidados carinhosos de pessoas sensíveis, têm mais chances de se sentirem seguras e vão ser capazes de construir relações afetivas com outras pessoas.

Mais experiências sonoras

Dos 21 aos 24 meses

- Invente um amplificador simples decorando um tubo de papelão com papel colorido, canetas hidrográficas, adesivos etc.
  - Cole um pedaço de papel de embrulho numa das extremidades do tubo e prenda-o com um elástico.
  - Mostre a seu filho como cantarolar.
  - Ponha o tubo na boca e cantarole na extremidade aberta para que seu filho possa ouvir esse som diferente.
  - Incentive seu filho a cantarolar no amplificador.
- Se for muito difícil para o seu filho cantarolar, incentive-o a cantar ou fazer outros tipos de sons no tubo.
Alerta de segurança: o elástico pode representar perigo de asfixia.

O que diz a pesquisa cerebral

A música – criá-la, ouvi-la ou cantá-la – cria conexões cerebrais únicas que contribuem para a compreensão dos conceitos matemáticos, para o raciocínio espacial-temporal e outras ideias complexas.

Dos 21 aos 24 meses

Vestir-se bem

- As crianças de 1 a 3 anos adoram brincar de se vestir. Enquanto você descreve os vários tipos de roupa e conversa sobre elas, está desenvolvendo a linguagem e o vocabulário de seu filho.
- Pegue todos os tipos de roupas e adereços – chapéus, cachecóis, sapatos, luvas e todos os outros objetos com os quais você acha que seu filho vai gostar de brincar.
- Ponha um chapéu e diga, "Como vai, senhor (nome da criança)?"
- Ponha uma luva e diga, "Nossa, como é macia!"
- Incentive seu filho a pegar um desses objetos. Ajude-o com palavras se ele ainda não tiver o vocabulário necessário.
- Logo a conversa vai melhorar e a linguagem vai fluir.

O que diz a pesquisa cerebral

Quanto mais um adulto conversa com uma criança, tanto maior será o seu vocabulário aos dois anos de idade.

Dos 21 aos 24 meses

Eu consigo fazer sozinho

- Arranje roupas ou outros objetos que sejam fáceis de abotoar, puxar o zíper, ou que tenham colchetes de pressão, fivelas, ganchos e assim por diante. Você também pode incluir carteiras de dinheiro, bolsas e mochilas entre esses objetos.
- Encha uma cesta ou saco com os objetos e incentive seu filho a começar a abrir e fechar cada um deles.
- Faça uma demonstração do funcionamento de cada um deles.
- Toda vez que seu filho conseguir abrir ou fechar qualquer desses objetos, incentive-o, dizendo: "Você conseguiu! Você fechou o zíper!" Ou: "Uau! Você conseguiu fechar o colchete de pressão!"

O que diz a pesquisa cerebral

Desenvolver novas capacidades aumenta a autoconfiança, a saúde mental e a resiliência de seu filho.

Dos 21 aos 24 meses

Voa, passarinho

- Fique de pé e de frente para seu filho. Pegue as mãos dele nas suas.
- Enquanto estiverem de mãos dadas, ande em círculos e cante ou diga o seguinte:

  Voa, passarinho, pela janela. (Finja que está voando.)
  Voa, passarinho, pela porta. (Finja que está voando.)
  Voa passarinho e pousa na cadeira. (Finja que está voando e toque uma cadeira.)

- Quando disser "Voa passarinho e pousa na cadeira", faça de conta que está voando e toque uma cadeira (ou outro objeto qualquer da sala). Peça a seu filho para fazer o mesmo.
- Voe e toque em algo diferente.
- Essa brincadeira ensina vocabulário de uma forma muito gostosa.

O que diz a pesquisa cerebral

Desde o começo, logo após o nascimento, até os trilhões de conexões feitas aos três anos de idade, o cérebro cresce num ritmo sem paralelos durante os primeiros anos, segundo os cientistas.

Dos 21 aos 24 meses

Outra vez com o pé na estrada

- Use fita crepe ou outro tipo qualquer de fita adesiva para criar uma estradinha para veículos ou para passear.
  Dica: Use primeiro a fita numa área que não chama muito a atenção, para ver como ela vai reagir a seu carpete ou assoalho.
- Incentive seu filho a empurrar um carrinho ou caminhão nessa estradinha.
- A estrada também pode ser usada para ajudá-lo a aprender a andar e a se equilibrar em linha reta.
- Aumente a complexidade, a direção ou a extensão da "rodovia" de forma apropriada a seu filho.

O que diz a pesquisa cerebral

Manter o equilíbrio e andar em linha reta são capacidades complexas que exercitam muitas áreas do cérebro.

Dos 21 aos 24 meses

Afunda ou boia

- Pegue vários objetos que afundam ou boiam na água.
- Entre as sugestões, uma esponja, sabão, recipientes vazios, recipientes cheios, brinquedos que flutuam e brinquedinhos que a água não estrague.
- Ponha água num baldinho e coloque um objeto de cada vez.
- Depois, use as palavras "afunda" ou "boia" de acordo com a situação.
- Depois de brincar com cada objeto individualmente, comece de novo.
- Dessa vez, antes de você pôr o objeto na água pergunte a seu filho: "Você acha que ele vai boiar ou afundar?"
- Logo seu filho irá procurar outros objetos para ver se eles afundam ou boiam.

O que diz a pesquisa cerebral

Resolver problemas leva a novos entendimentos. Um ambiente lúdico e seguro promove o desenvolvimento cerebral.

Ritmo legal

Dos 21 aos 24 meses

- Sente-se no chão com seu filho e dê-lhe uma baqueta ou colher de pau.
- Tente bater seguindo um determinado ritmo. Por exemplo: bata a baqueta duas vezes e pare. Conte enquanto usa o instrumento: "Um, dois..."
- Se seu filho não conseguir imitar você, segure sua mão e bata a baqueta ou colher de pau no chão enquanto conta.
- Cante uma de suas músicas prediletas e bata a baqueta no chão ao ritmo da música. Incentive seu filho a imitar você.
- Continue a brincadeira experimentando diferentes ritmos com a baqueta.
- Depois que seu filho aprender a controlar a baqueta, dê-lhe instruções e veja se ele consegue segui-las.
  - Bata sua colher depressa.
  - Bata sua colher devagar.
  - Bata forte com sua colher.
  - Bata suavemente com sua colher.
- Esta brincadeira ensinará a criança a entender o ritmo.

O que diz a pesquisa cerebral

Explorar ritmos diferentes e praticar os movimentos musculares finos criam circuitos neurológicos da maior importância no cérebro de seu filho.

Dos 21 aos 24 meses

Colher dinâmica

- Você precisará de dois recipientes inquebráveis.
- Encha um deles, aos poucos, com água. Junte algumas gotas de corante alimentício.
- Mostre à criança como usar a colher, agitando e mexendo a mesma para misturar completamente o corante no recipiente.
- Ajude a criança a transportar uma colher cheia de líquido para o outro recipiente vazio, misturar bem, e começar a enchê-lo.
- Deixe-a continuar o processo de transferência de um recipiente para o outro até encher o outro recipiente.
- Esta é uma ótima ideia para brincar ao ar livre em dias quentes.

O que diz a pesquisa cerebral

O desenvolvimento motor fino em crianças bem pequenas é a chave para habilidades de que ela precisará no processo de crescimento, como a escrita.

Gira, gira, piãozinho

Dos 21 aos 24 meses

- Mostre a seu filho um pião e deixe-o vê-lo girando.
- Mostre como fazê-lo girar e peça-lhe para imitar você.
- Diga o seguinte, enquanto gira como um pião:

> Gira, gira, piãozinho,
> Gira depressa pião.
> Gira, gira, piãozinho,
> E cai devagar no chão.

- Depois que seu filho entender a brincadeira, comece a girar lentamente, e depois acelere cada vez mais.
- Diminua a velocidade antes de cair no chão.

O que diz a pesquisa cerebral

Exercitar a coordenação motora fortalece cada vez mais os circuitos nervosos que vão das áreas do cérebro que governam o pensamento para as áreas motoras e para os nervos que movimentam os músculos.

Dos 21 aos 24 meses

Músicas com sons de animais

- As crianças pequenas adoram músicas com sons de animais. Gostam de imitar esses sons.
- Procure inventar novas versões das músicas que seu filho já conhece com sons de animais.

> O burrinho ficou gripado, E, I, E, I, O
> E com a gripe veio a tosse, E, I, E, I, O

- Acrescente sons que você faz quando fica gripado.
- O burrinho também pode ter um quintal, uma casa, uma doceria etc. Mudar as palavras aumenta o vocabulário.
- Para variar, cante a música como se fosse uma sequência, repetindo o nome de cada animal mencionado no final de cada verso.

O que diz a pesquisa cerebral

Um escaneamento neurológico de crianças que estão cantando versinhos infantis e fazendo brincadeiras de contar números mostra seções de seu cérebro literalmente brilhando com a atividade.

Dos 21 aos 24 meses

A música nossa de cada dia

- Cante o dia inteiro para o seu filho pequeno.
- Invente músicas sobre o que ele está fazendo, além de cantar as suas prediletas.
- Sorria quando estiver cantando e varie o tom da voz durante a execução da música.
- Incentive seu filho a cantar com você.
- O canto introduz palavras, rimas, ritmos, melodia e muitos sons no repertório de seu filho.

O que diz a pesquisa cerebral

A pesquisa sugere que a exposição à música tem numerosos benefícios para o desenvolvimento de uma criança. A música promove a aquisição de linguagem, a capacidade de distinguir sons, a memória e muitas outras. As canções introduzem novas palavras, em geral palavras com rimas ou repetições, que facilitam o aprendizado.

Dos 21 aos 24 meses

Construções com blocos

- Mostre a seu filho que ele pode construir formas simples com blocos.
- Veja se ele consegue imitar você. Ajude-o, se for preciso.
- Por exemplo: enquanto você mesma constrói, diga-lhe o que está fazendo e conte cada bloco ao empilhá-lo sobre algum outro.
- Conte de novo quando ele tentar imitar você. Ajude-o, se necessário.
- Eis aqui algumas formas para você experimentar:
  - Três blocos embaixo e outro em cima do bloco do meio.
  - Dois blocos, um em cima do outro.
- Incentive seu filho a experimentar formas diferentes com os blocos enquanto você copia o que ele está fazendo.

O que diz a pesquisa cerebral

As ideias criativas aparecem quando o cérebro se encontra em estado de relaxamento. Nossa inteligência fica aberta para combinar o que já sabemos com dados novos. É assim que o nosso cérebro consegue gerar novos pensamentos e novas ideias.

125 Brincadeiras para Crianças

Dos 21 aos 24 meses

Olha a bola!

- Sente-se no chão de frente para o seu filho, com as pernas abertas e os artelhos dele tocando os seus.
- Diga-lhe: "Vou jogar a bola para você." Faça a bola rolar lentamente para ele.
- Quando seu filho pegar a bola, elogie-o e peça-lhe para jogá-la para você.
- Faça uma variação da brincadeira contando até três e jogando a bola de volta para ele.
- Diga palavras engraçadas para acompanhar o movimento da bola para lá e para cá.
- Esta brincadeira vai aumentar a força muscular dos braços e a coordenação olho-mão do seu filho.

O que diz a pesquisa cerebral

Até as brincadeiras mais simples ajudam a desenvolver novas capacidades e novas ideias à medida que multiplicam os circuitos neurológicos.

Dos 24 aos 27 meses

Olhe para você

- Essa é uma ótima brincadeira que ajuda a criança a pensar nas diferentes partes do corpo e a melhorar sua capacidade de observação.
- Diga a seu filho de dois anos: "Se você está usando sapatos, pule."
- Ajude-o perguntando-lhe: "Você está usando sapatos? Mostre onde eles estão."
- Aponte para seus sapatos e peça-lhe para pular. Você talvez precise mostrar como se faz.
- Eis aqui outras sugestões:
  - Se estiver usando meias, levante-as e abaixe-as.
  - Se estiver usando uma camisa, bata palmas.
  - Se estiver usando calça comprida, mexa a cabeça para cima e para baixo.
- Depois de praticar algumas vezes, a criança será capaz de fazer as mesmas ações sem a sua ajuda.

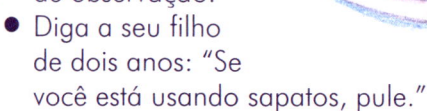

O que diz a pesquisa cerebral

As famílias e os educadores têm uma oportunidade maravilhosa de desenvolver o cérebro das crianças. Um ambiente variado, cheio de desafios amorosos, prepara o terreno para o futuro

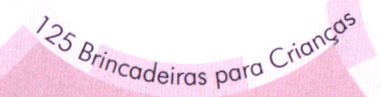

Sussurros

Dos 24 aos 27 meses

- As crianças de dois anos são fascinadas por sussurros e sentem o maior orgulho quando conseguem imitar os nossos.
- Os sussurros ajudam as crianças a aprender a modular a voz, um aspecto importante da percepção dos sons. Também requer muita concentração.
- Sussurre alguma coisa no ouvido de seu filho de dois anos. Diga: "Vamos bater palminhas."
- Peça-lhe para sussurrar alguma coisa no seu ouvido também.
- Continuem sussurrando um para o outro até seu filho compreender como fazer a voz ficar suave e bem baixinha.

O que diz a pesquisa cerebral

Toda vez que uma criança é estimulada a pensar, novas pontes nervosas se formam ou as já existentes se fortalecem.

Dos 24 aos 27 meses

Mexe que mexe

- Faça essa brincadeira com um bicho de pelúcia ou uma boneca que tenha mãos e pés.
- Sente-se no chão com seu filho de dois anos e mostre-lhe como pegar os braços do bicho de pelúcia e movimentá-los para cima e para baixo.
- Dê o bicho de pelúcia para seu filho e peça-lhe para fazer o mesmo.
- Pense em todas as coisas que você pode fazer com o bicho de pelúcia.
- Eis aqui algumas ideias:
    - Acenar com uma das mãos.
    - Bater palmas.
    - Levantar e abaixar as pernas.
    - Bater os pés um no outro.
    - Fazer com que ele jogue um beijo.
- Pergunte a seu filho o que ele pode fazer com o bichinho de pelúcia.

O que diz a pesquisa cerebral

Ter experiências e interações positivas nos primeiros anos de vida tem um grande impacto sobre o desenvolvimento emocional da criança.

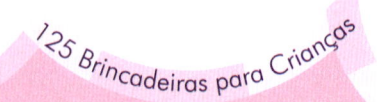

Aprender versos

Dos 24 aos 27 meses

- As crianças de dois anos são como esponjas. Ouvem uma coisa uma vez e já estão começando a memorizá-la, principalmente quando envolve ações.
- Uma forma interessante de repetir os versinhos infantis é enfatizar a última palavra de cada verso e realizar uma ação ao mesmo tempo. Isso ajuda a criança a memorizar.
- Aqui está um exemplo. Lembre-se de enfatizar a última palavra.

> Pirulito que bate BATE
> Pirulito que já BATEU
> Quem gosta de mim é ELA
> Quem gosta dela sou EU.
> (Bata palmas com suas mãos e alterne batendo nas palmas das mãos da criança.)

O que diz a pesquisa cerebral

A memória é um aprendizado que se mantém. Quando há aprendizado, novas sinapses se formam e/ou as antigas são fortalecidas, criando uma memória da experiência ou daquilo que a criança aprendeu.

Dos 24 aos 27 meses

Livre como o vento

- É delicioso segurar um cachecol na mão enquanto você se movimenta livremente ao som de uma música. Essa atividade também ajuda a desenvolver o equilíbrio e o controle.
- Toque uma música instrumental enquanto você e seu filho dançam com cachecóis.
- Levante o cachecol bem alto no ar e depois abaixe-o até o chão.
- Mantenha o cachecol no ar enquanto você gira em círculos.
- Você e seu filho podem segurar cada qual uma ponta do cachecol e dançar juntos.
- Faça o que fizer, peça a seu filho para imitar você.
- Essa é uma brincadeira criativa, e seu filho vai querer fazê-la muitas e muitas vezes.

O que diz a pesquisa cerebral

A capacidade de uma criança aprender e florescer num grande número de ambientes depende da interação entre a natureza (sua herança genética) e educação (o tipo de cuidados, estímulos e ensinamentos que recebe).

Dos 24 aos 27 meses

Hora de cheirar

- Ajude seu filho a explorar os diferentes cheiros das coisas.
- Escolha duas coisas com cheiros diferentes e que sejam familiares a seu filho, como uma laranja, um sabonete e uma banana.
- Mostre a seu filho dois itens de cada vez e deixe-o cheirá-los.
- Peça a seu filho para fechar os olhos.
- Coloque um dos objetos perto de seu filho e peça-lhe para identificá-lo.

O que diz a pesquisa cerebral

As interações lúdicas com conceitos e ideias que acontecem num ambiente seguro e carinhoso ajudam as crianças a se lembrar desses conceitos e ideias.

Dos 24 aos 27 meses

A história da fruta

- Pegue três ou quatro frutas para seu filho examinar com você.
- Corte-as uma por uma e converse sobre o que há dentro. Ela tem sementes, caroço, segmentos etc.?
- Conte uma história a respeito da fruta, usando suas próprias palavras. Um exemplo:

    Era uma vez uma maçã que veio brincar com o Bruno.
    – Oi, Bruno, estou muito satisfeita de estar aqui, mas estou me sentindo um pouco sozinha. Será que você poderia convidar outra fruta para vir brincar conosco?
    – Certo – disse Bruno. – Vou chamar uma laranja.
    Bruno pega o telefone, disca e diz:
    – Oi, laranja. Você não quer brincar com a gente?

- Deixe seu filho sugerir quem ele vai convidar em seguida. Com cada nova fruta, examine-a, converse sobre ela e prove-a.

O que diz a pesquisa cerebral

A plasticidade do cérebro, sua capacidade de se religar, é o que torna tão fácil para as crianças aprender a falar. Quanto mais palavras as crianças pequenas ouvem, tanto mais conexões seu cérebro faz.

Dos 24 aos 27 meses

Consigo ajudar

- Envolva seu filho em tarefas simples, apropriadas à sua idade.
- Uma atividade divertida para vocês fazerem juntos é dar um banho num animal de estimação.
- Limpar, separar coisas, enxugar uma mesa e pegar um objeto para um irmão são coisas que promovem o desejo de interações sociais numa criança pequena.
- Sempre diga a seu filho que o que ele fez foi útil e sempre se lembre de lhe dizer "Muito obrigada!"

O que diz a pesquisa cerebral

A socialização é primordial para o desenvolvimento saudável do cérebro porque cria vínculos que fazem a criança se sentir segura para explorar seu ambiente. Quando isso acontece, os neurônios do cérebro são estimulados a criar novas conexões.

Dos 24 aos 27 meses

Meu lindo coelhinho

- Faça essa brincadeira usando o bichinho de pelúcia favorito de seu filho. Mude o nome "coelhinho" para o nome do animalzinho que você estiver usando.
- Diga o seguinte, realizando as ações correspondentes:

Meu lindo coelhinho
Que pula no chão. (Segure o coelhinho e faça-o pular.)
Meu lindo coelhinho
Que olha pra lá e pra cá. (Vire o coelhinho para um lado e para o outro.)
Olha para cima, (levante o coelhinho bem alto)
Olha para baixo, (abaixe o coelhinho até o chão)
Corre, corre, corre, (corra com o coelhinho)
Ó, ó, ó.
Meu lindo coelhinho
Para onde você foi? (esconda o coelhinho nas suas costas)

O que diz a pesquisa cerebral

Os cientistas descobriram que a relação com nosso filho afeta seu cérebro de muitas formas. Brincadeiras delicadas e amorosas, nas quais se usa uma linguagem receptiva, criam uma atmosfera onde o aprendizado pode florescer.

Bem perto e bem pessoal

Dos 24 aos 27 meses

- Saia de casa com seu filho pequeno.
- Leve duas lupas inquebráveis, uma para você e outra para ele.
- Encontre uma pedra ou tronco de madeira que tenha algo interessante embaixo.
- Vire a pedra ou o tronco e procure insetos e outros seres vivos, ou objetos.
- Dê uma das lupas a seu filho para ele poder olhar mais de perto o que está embaixo da pedra ou do tronco.
- Se você também levar uma caixa ou mochila no passeio, pode trazer para casa alguns dos objetos mais interessantes que vocês encontrarem e examiná-los de novo.
- Depois de estudar os seres vivos, entregue-os de novo à Natureza.

O que diz a pesquisa cerebral

Novas experiências incentivam o desenvolvimento de processos mentais mais elevados.

Dos 24 aos 27 meses

Espelho, espelho meu

- Sente-se no chão com a criança.
- Segure um espelho na mão e diga o seguinte:

    Oi, espelho, o que você está vendo?
    Vejo um rosto feliz olhando para mim.

- Sorria e faça cara de felicidade. Fale com um tom de voz feliz.
- Dê o espelho para seu filho e repita as frases acima. Peça-lhe para fazer cara de felicidade.
- Continue fazendo expressões faciais diferentes para o espelho. Mostre seu rosto e depois deixe seu filho imitar você.
- Outras emoções que podem ser expressas são tristeza, mau-humor, sonolência, raiva, falta de entendimento, surpresa.
- Invente uma história usando as expressões faciais sobre as quais falou. Quando usar palavras como *feliz*, *triste*, *contente* ou *zangado*, expresse essa emoção junto com a voz.

O que diz a pesquisa cerebral

As crianças desenvolvem a memória muito mais depressa quando o evento tem um componente emocional.

Pincéis diferentes

Dos 24 aos 27 meses

- Corte esponjas em formas diferentes.
- Incentive seu filho a pegar as esponjas, mergulhá-las em tinta atóxica e imprimir as formas numa folha grande de papel.
- Use outros materiais de pintura, como penas de aves, uma escova de dentes velha, pedaços de papel-toalha de cozinha amassados e, naturalmente, os dedos! Deixe sua imaginação guiar você.

O que diz a pesquisa cerebral

Dê asas à imaginação e à criatividade de seu filho, pois elas vão ajudar a desenvolver seu raciocínio abstrato e sua capacidade de resolver problemas.

Dos 24 aos 27 meses

Observar árvores

- Leve seu filho de dois anos para passear ao ar livre. Vá a uma praça ou área onde haja tipos diferentes de árvores.
- Procure duas ou três folhas recém-caídas e observe-as junto com o seu filho.
- Examine os tamanhos, as formas e as cores das folhas: qual a sensação que vocês têm ao tocá-las? Que cheiro elas têm?
- Leve as folhas para casa e seque-as ou coloque-as dentro de um livro grosso para prensá-las. Quando estiverem secas, cole-as num caderno de recortes para as examinar de novo com o seu filho.

O que diz a pesquisa cerebral

Aprender a perceber as diferenças entre objetos semelhantes desenvolve a capacidade necessária para reconhecer as letras do alfabeto.

Dos 24 aos 27 meses

Brincar com bolas de sabão

- Fazer bolas de sabão é uma brincadeira maravilhosa para fazer com seu filho de dois anos. Ele vai adorar correr atrás delas, soprá-las e estourá-las.
- Depois de algumas experiências de exploração das bolas de sabão, faça algumas perguntas a seu filho pequeno:

  - Elas são do mesmo tamanho?
  - O que acontece quando você sopra muito forte? (Sopre forte junto com ele.)
  - O que acontece quando você sopra suavemente? (Sopre suavemente junto com ele.)
  - De que cores são as bolas?
  - Elas têm todas a mesma forma?
  - O que acontece quando você toca uma bola de sabão?

- Faça de conta que você é uma bola de sabão flutuando no ar. Quando seu filho tocar em você, diga: "Pluft!" e caia no chão.

O que diz a pesquisa cerebral

As primeiras experiências têm um efeito dramático sobre a formação das sinapses cerebrais. O cérebro funciona na base do princípio de "usar ou perder". Só aquelas conexões e circuitos usados frequentemente se mantêm. Quando as crianças estão brincando, seu cérebro funciona da sua melhor forma.

125 Brincadeiras para Crianças

89

Dos 27 aos 30 meses

Hora do lanche

- Deixe seu filho ajudar você a preparar um lanche saudável.
- Escolha uma das ideias abaixo, e/ou crie as suas próprias.
  - Encha uma casquinha de sorvete com seu iogurte predileto.
  - Mergulhe biscoitos em forma de palito num creme de maçã, num pudim ou num iogurte.
  - Passe pedacinhos de banana no germe de trigo e, depois, no mel.

O que diz a pesquisa cerebral

Atividades que representam um desafio para a criança, num ambiente amoroso, criam as melhores experiências possíveis de aprendizado.

Meu passarinho

Dos 27 aos 30 meses

- Recite o poema e realize as ações para aumentar a sensação de segurança de seu filho:

*Ali tem um ninho
Lá dentro é quentinho
E lá meu passarinho
Fica bem guardadinho.* (Pegue a criança no colo e abrace-a.)

*Ali tem um ninho
Bem escondidinho
Para lá brincar
O meu passarinho.* (Dê um brinquedo a seu filho.)

*Ali tem um ninho
Muito gostoso
E lá meu passarinho
Pode dormir dengoso.*
(Embale seu filho suavemente e faça de conta que vai dormir.)

O que diz a pesquisa cerebral

O cérebro das crianças é ativado biologicamente para criar vínculos emocionais sólidos entre elas e os pais ou outras pessoas que cuidam delas.

Dos 27 aos 30 meses

Toma-lá-dá-cá

- Os adultos costumam ficar irritados quando seus filhos pequenos não querem emprestar ou dar coisas suas. Dividir é um conceito muito difícil para crianças de 1 a 3 anos entenderem.
- O revezamento é uma maneira mais fácil de compreender o conceito de dividir e partilhar.
- Dê à criança um de seus brinquedos favoritos e fale sobre este brinquedo — como ele é colorido, como é gostoso de tocar etc.
- Pegue outro brinquedo para você e descreva-o.
- Brinque com o seu brinquedo e peça à criança para brincar com o dela.
- Depois de um tempo razoável, dê seu brinquedo à criança e peça-lhe para deixar você brincar com o dela.
- Se não der certo da primeira vez, tente outra hora.

O que diz a pesquisa cerebral

A sociabilidade é constituída por uma série de comportamentos aprendidos. Para saber o que esperar como resposta, ou saber interagir numa determinada situação, a criança tem de praticar muitas vezes, de preferência num contexto lúdico.

125 Brincadeiras para Crianças

Dos 27 aos 30 meses

Contar histórias

- Invente uma história usando o nome da criança. "Era uma vez um menininho chamado Marcos".
- Na história, use duas ou três palavras que são repetidas várias vezes. Incentive seu filho a dizer essas palavras com você.
- Por exemplo: a história pode ser sobre "Marcos" indo à pracinha. Toda vez que vê alguma coisa que ele reconhece na pracinha, ele diz "Uau, que legal".
- Eis aqui uma sugestão:

    Era uma vez um menininho chamado Marcos. Marcos adorava ir à pracinha e ver todas aquelas coisas maravilhosas. Quando ele via flores bonitas, dizia "Uau, que legal".

    Sentava-se na grama verde e macia e quando via um insetinho rastejando dizia "Uau, que legal".

- Aumente ou diminua a história, dependendo do interesse e do tempo que a criança consegue manter a atenção.

O que diz a pesquisa cerebral

As células cerebrais são "ligadas", novas conexões são feitas e as conexões existentes são fortalecidas por experiências com histórias.

Dos 27 aos 30 meses

Estabelecer relações

- Coloque um punhado de botões grandes, contas de colar grandes e coloridas ou outros objetos fáceis de manipular em cima de uma mesa, ou de uma bandeja, ou de um pedaço grande de papel.
  Alerta de segurança: verifique se nenhum dos objetos apresenta risco de asfixiar a criança.
- Incentive seu filho a descobrir objetos semelhantes, ou que tenham características parecidas.
- Deixe seu filho escolher a maneira de organizar os grupos de objetos – pelo tamanho, pela forma, pela cor ou por outra característica que faça sentido para ele.
- Converse sobre a quantidade de objetos que seu filho organizou. Conte os itens um a um.

O que diz a pesquisa cerebral

O cérebro é um órgão que busca modelos. É mais fácil para ele fazer conexões entre os neurônios quando novas informações podem ser associadas a conhecimentos anteriores.

125 Brincadeiras para Crianças

Joãozinho, fica esperto

Dos 27 aos 30 meses

- Segure seu filho pela cintura enquanto diz as frases seguintes (ele deve estar descalço):

*Joãozinho, fica esperto
Pra pular certinho.* (Faça seu filho pular enquanto o segura pela cintura.)
*Agora pula a chama da vela
E vai alto até o céu.* (Levante seu filho bem alto.)
Joãozinho pulou no chão. (Traga-o até a altura do chão.)
Joãozinho pulou e queimou o dedão.
(Diga "aaaiiiii" e beije o dedão de seu filho.)

O que diz a pesquisa cerebral

Interações diárias carinhosas onde há abraços e cantos preparam seu filho para aprender durante a vida toda.

Dos 27 aos 30 meses

Consegue fazer também?

- Faça de conta que está usando um objeto imaginário e diga a seu filho o que está fazendo. Por exemplo, faça de conta que está tomando leite.
- Diga: "Estou bebendo um pouco de leite".
- Pergunte a seu filho de dois anos: "Você também consegue fazer isso?"
- Continue encenando atividades simples que seu filho conhece, como as seguintes:

  - Jogar bola;
  - Escovar os dentes;
  - Lavar o rosto;
  - Pentear o cabelo.

- Sempre pergunte: "Você também consegue fazer isso?" depois de fazer de conta que está realizando uma determinada ação.
- Esse tipo de brincadeira desenvolve o pensamento e a capacidade de raciocínio da criança, assim como a imaginação.

O que diz a pesquisa cerebral

Em nenhum outro estágio o cérebro domina tantas atividades com tanta facilidade.

Joguinho da memória

Dos 27 aos 30 meses

- Faça cartõezinhos de cartolina com cores e formas diferentes, e também com imagens de animais. Faça um par de cada um = dois cartõezinhos devem ser exatamente iguais.
  Dica: comece com três ou quatro pares iguais, de modo que seu filho não tenha mais de oito cartões (quatro pares) para combinar. Depois que ele já estiver dominando o processo, acrescente outros pares.
- Espalhe os cartões aleatoriamente, de cabeça para baixo.
- Peça a seu filho para virar um cartão e diga o nome da cor, da forma ou do animal.
- Peça-lhe para virar outro cartão e ver se é igual ao primeiro.
- Se os cartões não forem iguais, coloque-os de novo na mesa de cabeça para baixo na mesma posição de antes.
- Quando dois cartões forem iguais, peça a seu filho para separá-los.
- Continue até todos os pares serem encontrados.

O que diz a pesquisa cerebral

Tentativa e erro num ambiente carinhoso estimula a capacidade de resolver problemas.

Dos 27 aos 30 meses

Modinha do plim, plim

- Pegue o boneco ou bichinho de pelúcia predileto de seu filho.
- Peça-lhe para tocar partes diferentes do corpo do brinquedo. Diga, por exemplo: "Mostre-me a cabeça do ursinho" ou "Mostre-me os dedos do pé do ursinho".
- Com o dedo indicador aponte por exemplo a cabeça do ursinho dando-lhe batidinhas bem leves enquanto diz, recita ou canta o seguinte:

> Levanto o dedo e faço assim,
> Plim, plim, plim.

- Levante também o dedo de seu filho e repita as palavras enquanto faz com que ele dê batidinhas leves na cabeça do ursinho.
- Diga as frases de novo enquanto dá batidinhas no nariz, no dedo do pé ou no joelho do ursinho.
- A repetição de "plim, plim, plim" é um exercício muito bom de ritmo.

O que diz a pesquisa cerebral

Experiências musicais integram várias faculdades ao mesmo tempo e, por isso, ajudam a desenvolver conexões cerebrais múltiplas.

Repetições

Dos 27 aos 30 meses

- Faça uma brincadeira com seu filho de dois anos na qual você repete três vezes a última palavra de uma frase.
  - Você quer uma torrada, torrada, torrada?
  - Posso pentear seu cabelo, cabelo, cabelo?
  - Vamos brincar com o ursinho, ursinho, ursinho?
- Ao dizer a palavra repetida, enfatize-a na primeira vez que a pronunciar.
- Incentive seu filho a dizer suas próprias palavras e repeti-las.

O que diz a pesquisa cerebral

As crianças aprendem a falar ouvindo as palavras muitas e muitas vezes. Brincar com as palavras acrescenta outra dimensão à experiência.

Dos 27 aos 30 meses

Voa comigo!

- Leve seu filho ao aeroporto de sua cidade.
- Passeie com ele pelas áreas abertas ao público. Se o aeroporto tiver escadas rolantes ou mesmo um parquinho de diversões para crianças, deixe seu filho explorar o equipamento.
- Converse com o seu filho sobre o que vocês estão vendo – os aviões, os restaurantes, os balcões de venda de passagens, a área onde os passageiros pegam a bagagem, os elevadores e qualquer outra coisa que um de vocês notar.

O que diz a pesquisa cerebral

Sempre que possível, reforce o vocabulário com experiências reais, pois elas dão a seu filho a chance de ver coisas em primeira mão e dizer o que pensa sobre essas novas experiências.

Dos 27 aos 30 meses

Brincar de lavar carros

- Encha de água uma bacia de plástico ou outro recipiente grande e coloque também um pouco de detergente.
  Alerta de segurança: nunca deixe uma criança sozinha perto da água.
- Peça a seu filho para pegar seus carros, caminhões e outros brinquedos que ele possa movimentar.
- Dê-lhe algumas esponjas e toalhas limpas.
- Incentive seu filho a lavar todos os seus brinquedos.
- Enfatize o nome das partes do veículo ou brinquedo que ele está lavando: capota, carroceria, janela, porta, parte de trás, da frente, de cima, de baixo e assim por diante.
- Coloque os objetos num lugar ensolarado para secarem.

O que diz a pesquisa cerebral

Brincar e o desenvolvimento da linguagem andam juntos para consolidar conceitos.

Dos 27 aos 30 meses

Comidinhas e arco-íris

- Uma boa alimentação é essencial para o desenvolvimento e bom funcionamento do cérebro. Sem ela, as crianças não conseguem se concentrar.
- Procure imagens do arco-íris com seu filho de dois anos e diga o nome das diversas cores.
- Procure na cozinha frutas, legumes e verduras com as cores do arco-íris.
- Apresente-lhe uma duas frutas e legumes todo dia. Invente formas de envolver seu filho no preparo das frutas, legumes e verduras.

O que diz a pesquisa cerebral

Quando as crianças comem alimentos saudáveis, a serotonina (substância que faz a gente se sentir bem) é liberada e a capacidade de concentração aumenta.

Para despertar o cérebro

Dos 27 aos 30 meses

- Faça essa brincadeira de manhã com o seu filho de dois anos.
- Deite-se no chão perto dele.
- Peça a seu filho para imitar os seus movimentos.
- Levante uma perna e mostre a seu filho como mexer os artelhos. Esses movimentos ativam os nervos que, por sua vez, estimulam o cérebro e outros órgãos internos.
- Diga as frases abaixo enquanto faz o exercício:

Bom dia, meus dedinhos,
Mexam, mexam, mexam! (Mexa os artelhos.)
Como vão vocês?
Mexam, mexam, mexam! (Mexa os artelhos.)
É hora de pôr os sapatos,
Mexam, mexam, mexam! (Mexa os artelhos.)
Vamos sair e brincar,
Mexam, mexam, mexam! (Mexa os artelhos.)

- Repita com a outra perna.
- Você também pode fazer essa brincadeira com outras partes do corpo.

O que diz a pesquisa cerebral

A atividade física estimula a função cerebral bombeando mais oxigênio para a cabeça.

Dos 30 aos 33 meses

A brincadeira da sequência

- O sequenciamento é uma capacidade importante para a leitura futura.
- Sequenciamento significa fazer uma série de coisas numa certa ordem ou de acordo com um certo modelo. Também significa ser capaz de repetir um modelo e de lhe acrescentar coisas.
- Tarefas de cuidados pessoais, como lavar as mãos, vestir-se ou escovar os dentes são bons pontos de partida para se começar a pensar em termos de sequenciamento.
- Para ensinar a seu filho a sequência de atividades que ele precisa fazer na hora de se preparar para dormir, cante o seguinte:

> *Hora de lavar as mãos!*
> *Hora de lavar as mãos!*
> *E depois? É hora de quê?*

- Pergunte à criança o que ela vai fazer a seguir. Se ela disser, "Escovar os dentes", cante seguindo o modelo acima.
- Acrescente um novo elo de cada vez.
- Você pode usar essa musiquinha para ensinar a seu filho a sequência de lavar as mãos, tomar banho, vestir-se e todas as outras rotinas.

O que diz a pesquisa cerebral

Durante os três primeiros anos, uma criança totalmente dependente desenvolve um novo cérebro incrivelmente complexo que vai lhe permitir andar, falar, analisar, acariciar, amar, brincar, explorar e desenvolver uma personalidade emocional única.

Dos 30 aos 33 meses

E agora?

- Sente-se com seu filho e prepare-se para reler um de seus livros prediletos.
- Enquanto relê a história, pare regularmente e pergunte a seu filho o que vai acontecer em seguida.
- Se o seu filho não conseguir se lembrar, basta dizer algo como, "Bem, vamos descobrir!"
- Mantenha uma interação positiva e viva a sensação de descoberta.

O que diz a pesquisa cerebral

Para o desenvolvimento ótimo do cérebro, as crianças pequenas precisam de um ambiente rico e receptivo em termos de linguagem.

Dos 30 aos 33 meses

Lá vem a Susana Bacana

- Diga o seguinte, fazendo uma rima com o nome da criança: "Lá vem o Beto Quieto", ou "Lá vem o Fernando Malandro" ou "Lá vem a Estela Bela".

    *Lá vem a Susana Bacana
    Descendo a rua.
    Ela vai à feira comprar banana
    Olha só que alegria a sua.*

- Sugira uma ação para a criança realizar.

    *Pula, Susana Bacana,
    Pula descendo a rua
    Pula, pula, pula
    Olha só que alegria a sua.*

- Outras ideias são correr, andar na ponta dos pés, deslizar, andar de patins e marchar.
- Essa brincadeira desenvolve a audição e a coordenação.

O que diz a pesquisa cerebral

Os cientistas estão descobrindo agora o quanto as experiências depois do nascimento – em conjunto com aquilo que é inato – determinam as "ligações" do cérebro humano.

125 Brincadeiras para Crianças

Dos 30 aos 33 meses

Inventar histórias

- Incentive seu filho a lhe contar uma história.
- Escreva as partes principais da história de seu filho em várias folhas de papel (deixe espaço para as ilustrações).
- Leia para seu filho a história que ele inventou.
- Deixe a criança fazer desenhos de acordo com o texto.
- Junte as folhas e prenda-as com o grampeador para elas virarem um livro.
- Leia para seu filho o livro de histórias que ele criou.
- Junte este livro à bibliotequinha de seu filho.

O que diz a pesquisa cerebral

As oportunidades para o exercício da criatividade e da imaginação promovem o desenvolvimento da capacidade de resolver problemas.

Dos 30 aos 33 meses

Mais histórias

- Conte uma história familiar com frases repetidas.
- O seguinte diálogo de Os três porquinhos é um bom exemplo de frases repetidas:

    Voz do lobo: – Porquinho, porquinho, deixe-me entrar.
    Voz do porquinho: – De jeito nenhum, de jeito nenhum.
    Voz do lobo: – Então vou soprar e soprar e fazer a casinha voar.

- Logo seu filho de dois anos vai ser capaz de repetir as frases com você.
- É divertido fazer isso com as rimas infantis. Depois que seu filho estiver familiarizado com as palavras, você pode começar a deixar lacunas para ele preencher com uma delas.
    Dica: comece fazendo uma pausa antes da última palavra de um poeminha de versos infantis. Como as palavras rimam, são mais fáceis de lembrar.
- Procure histórias, músicas e contos folclóricos com frases repetidas e brinque com seu filho.

O que diz a pesquisa cerebral

A repetição está intimamente relacionada com o ritmo e a rima, veículos para o aprendizado da linguagem.

Dos 30 aos 33 meses

Poemas favoritos

- As crianças de dois anos adoram rimas, ritmos e emoções que as palavras evocam, principalmente em poemas.
- Aqui está uma lista de alguns poemas para recitar para crianças pequenas:

  "Batatinha quando nasce" "Um, dois, feijão com arroz"
  "Mamãe é uma roseira" "Marcha soldado"
  "Se esta rua fosse minha" "Escravos de Jó"
  (ou "Nesta rua tem um bosque")

- Recite um poema para seu filho de dois anos. Seja dramática e procure encenar a história.
- Quanto mais dramática e divertida for a sua versão da história, tanto mais seu filho vai curtir. Esse tipo de brincadeira fica gravado para sempre na memória de seu filho.

O que diz a pesquisa cerebral

A capacidade de uma criança discriminar os sons e identificar rimas é um pré-requisito básico para a leitura.

Dos 30 aos 33 meses

Os opostos se atraem

- Arranje imagens de coisas que sejam opostas de alguma forma, como duro/macio, grande/pequeno, no alto/no baixo, em cima/embaixo, dentro/fora e dia/noite.
- Cole cada imagem num pedaço de cartolina para criar um jogo de cartas.
- Converse com seu filho sobre as imagens.
- Converse sobre o conceito de opostos e descreva certas imagens que são opostas.
- Escolha dois ou três pares de imagens opostas.
- Misture as cartas em cima de uma mesa, ou no chão.
- Pegue uma carta e peça a seu filho para encontrar imagem que é o oposto dela.
- Inverta a brincadeira e peça a seu filho para pegar uma carta e você vai procurar a imagem oposta.

O que diz a pesquisa cerebral

Os conceitos abstratos são mais fáceis de aprender num contexto lúdico.

A loja de música

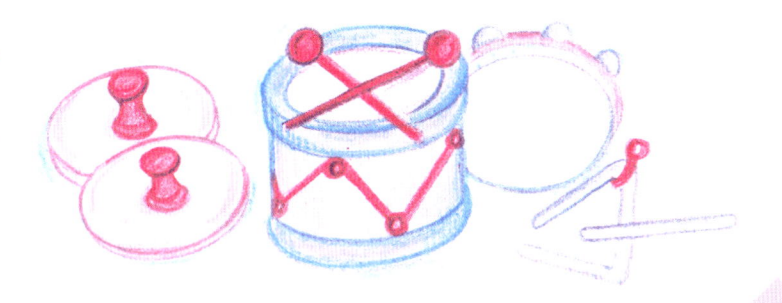

Dos 30 aos 33 meses

- Leve seu filho a uma loja que venda instrumentos musicais.
- Se encontrar um vendedor receptivo, ele pode deixar seu filho tocar o piano.
- Mostre-lhe dois ou três instrumentos. Alguém da loja pode fazer uma demonstração deles.
- Depois da visita, converse sobre as coisas que vocês viram e ouviram.
- Quando voltar para casa, toque uma música que use alguns instrumentos que viram na loja. Chame a atenção para os sons dos instrumentos que ouvem na música enquanto estão juntos.

O que diz a pesquisa cerebral

Ouvir música ou os sons dos instrumentos desenvolve o potencial inato da criança para aprender música quando ela ficar maior.

Dos 30 aos 33 meses

Jantar com música

- Quanto mais você conversa com seu filho de dois anos, tanto mais seu cérebro se desenvolve.
- Cantar é uma outra forma de usar a linguagem verbal. Ajuda a criança a se concentrar nas palavras e no seu significado.
- Use canções durante o jantar. Em vez de perguntar "Você quer leite?" ou dizer " Isto é uma batata," cante ou cantarole a frase.
- É uma ótima brincadeira.

O que diz a pesquisa cerebral

A plasticidade neurológica, a capacidade do cérebro adaptar-se de acordo com a experiência, confirma a ideia de que a estimulação nos primeiros anos de vida prepara o terreno para as crianças continuarem aprendendo e interagindo com os outros durante a vida inteira.

Cantar junto

Dos 30 aos 33 meses

- Procure em sua região um concerto com um artista especializado em arte infantil.
- Antes de ir ao evento, converse com seu filho sobre o que vai acontecer – música, movimento, participação.
- Diga a seu filho que, se ele quiser, todo mundo vai gostar que ela bata palmas, cante e dance – faz parte do evento.
- Quando estiver no concerto, participe você também da experiência, junto com seu filho.
- Quando o concerto terminar, converse sobre as músicas que seu filho gostou.

O que diz a pesquisa cerebral

A estimulação dos primeiros anos de vida prepara o terreno para a maneira pela qual a criança vai continuar aprendendo e interagindo com os outros ao longo de toda a sua vida.

Dos 30 aos 33 meses

Seleção de brinquedos

- As crianças de dois anos adoram seus brinquedos. Quanto mais você fizer brincadeiras que envolvam seus brinquedos, tanto mais elas gostam.
- Sente-se no chão com a criança e coloque muitos brinquedos à sua frente.
- Comece escolhendo pela cor. "Vamos pegar todos os brinquedos que têm a cor vermelha e pô-los juntos." Continue escolhendo pela cor.
- Você pode escolher de acordo com o tamanho, cor ou características (brinquedos de rodinha, bichinhos etc.)
- Pergunte à criança como ela acha que os brinquedos devem ser selecionados. Você e ela vão descobrir muitas formas diferentes de olhar para os brinquedos.
- Essa brincadeira desenvolve o raciocínio.

O que diz a pesquisa cerebral

As crianças adoram brincar. É algo natural nelas e que deve ser incentivado porque é essencial para seu desenvolvimento. Os movimentos dos músculos grandes, os movimentos mais delicados, a capacidade de raciocinar – tudo isso é aprendido brincando.

Amarelinha

Dos 30 aos 33 meses

- Desenhe uma amarelinha simples na calçada e numere-a de um a cinco.
- Mostre à criança como jogar o marcador em um dos números. Use uma pedrinha, uma vareta ou uma casca de fruta, algo que não seja pequeno demais, nem que tenha pontas.
- Depois peça-lhe para pular até aquele número.
- Você também pode pular, correr ou marchar até o número escolhido.
- Essa brincadeira desenvolve a coordenação, o equilíbrio e a capacidade de contar.

O que diz a pesquisa cerebral

O movimento integra os hemisférios direito e esquerdo do cérebro das crianças pequenas que estão aprendendo todo tipo de coisas.

Dos 30 aos 33 meses

O nome das cores

- Amarre várias echarpes umas nas outras e coloque-as dentro de uma caixa vazia de lenços de papel.
- Deixe seu filho puxar as echarpes da caixa. Ele vai adorar fazer isso!
- Ponha outra vez as echarpes na caixa.
- Dessa vez, peça a seu filho para encontrar uma echarpe vermelha.
- Enquanto ele estiver puxando as echarpes, ele pode encontrar mais de uma com a cor vermelha.
- Essa é uma brincadeira deliciosa que vai ajudar a criança a identificar as cores.
- Repita com as outras cores.
- Você também pode fazer essa brincadeira enrolando as echarpes num tubo vazio de papel de cozinha.

O que diz a pesquisa cerebral

A excitação da descoberta aumenta a curiosidade das crianças.

Pequenas tarefas

Dos 30 aos 33 meses

- Crianças com dois anos adoram receber responsabilidades.
- Fale com o seu pequeno sobre coisas que ele pode fazer para ajudar. Por exemplo, tirar os pratos da máquina de lavar, guardar os cereais na despensa, ou se vestir sozinho.
- Olhem revistas junto e procurem ilustrações de tarefas que a criança pode fazer.
- Corte as figuras e cole-as em pequenos cartões que ela possa segurar na mão.
- Coloque os cartões numa caixa e deixe-a escolher um cartão e fazer a tarefa.
- Esta brincadeira ajuda a construir a autoestima da criança.

O que diz a pesquisa cerebral

Oferecer atividades diferentes para brincar e explorar com objetos reais, pessoas e coisas da natureza, permite ao cérebro imaginar como as coisas funcionam no mundo.

Dos 30 aos 33 meses

Gigantes e Fadas

- Mostre ao seu filho de dois anos como fazer passos de gigante.
- Depois mostre como fazer pequeninos passinhos de fada.
- Invente uma história usando estas duas situações, e a cada vez que mencionar uma delas, você e a criança fazem um passo de gigante ou de fada.
- Esta é uma ideia para começar uma história:

    Era uma vez um gigante enorme que vivia numa montanha. Ele tinha muitos amiguinhos mas a sua favorita era uma fada muito muito pequenina...

- Invente o resto da história.

O que diz a pesquisa cerebral

Criatividade e imaginação são aptidões de alto nível. É essencial providenciar oportunidades para as crianças desenvolverem estas valiosas habilidades.

Dos 33 aos 36 meses

Cesto de roupa

- Os cestos de roupa da lavanderia são um lugar maravilhoso para praticar lançamento de objetos.
- Experimente lançar objetos diferentes, como bolas, papel amassado e cachecóis dentro do cesto.
- Cada objeto vai exigir um tipo diferente de capacidade motora para entrar no cesto.
- Coloque o cesto a uma distância suficiente para seu filho conseguir atirar o objeto dentro dele.
- Essa é uma forma excelente de desenvolver a coordenação.

O que diz a pesquisa cerebral

Para aprender novas habilidades todo movimento deve ser repetido muitas vezes para fortalecer os circuitos cerebrais.

Dos 33 aos 36 meses

Gelo colorido

- Faça cubos de gelo usando água misturada com corantes de alimento.
- Comece com uma cor só.
- Ponha os cubos de gelo numa bacia ou numa cumbuca inquebrável e brinque com eles. Use o nome da cor em sua conversa: "Por favor, passe-me o cubo de gelo azul".
- Use os cubos de gelo como blocos e tente empilhá-los. Vê-los derreter é muito divertido e vai provocar vários tipos de conversa.
- Faça outros cubos de gelo usando duas cores. Dessa vez, compare as cores enquanto você empilha, dizendo o nome delas.
- Quando os cubos de gelo derreterem, você talvez obtenha uma cor diferente. Por exemplo: se você usar cubos vermelhos e amarelos, vai ter um líquido laranja quando eles derreterem.
- É uma brincadeira perfeita para um dia quente!

O que diz a pesquisa cerebral

O cérebro é um órgão que se autoorganiza. As conexões esperam ansiosamente por novas experiências que vão modelar o cérebro em redes nervosas para a prática da fala, do raciocínio, do pensamento racional, da resolução de problemas e de valores morais.

Dos 33 aos 36 meses

Mais gelo colorido

- Faça cubos de gelo com água e corante de alimentos com as cores primárias: azul, amarelo e vermelho.
- Depois que os cubos estiverem prontos, coloque dois deles num saquinho que possa ser fechado.
- Peça a seu filho para movimentar os cubos de gelo e observar o que acontece enquanto eles derretem.
- Quando os dois cubos derreterem, vai aparecer uma nova cor.
- Diga a seu filho o nome da nova cor que se formou quando os dois cubos de gelo derreteram juntos.
- Agora repita essa atividade dando a seu filho duas tintas que ele possa usar com os dedos; elas devem ser duas das cores primárias.
- Ponha um pouquinho de cada cor num papel próprio para a pintura com os dedos.
- Peça a seu filho para misturar as cores e ver o que acontece.
- Lembre o seu filho do que aconteceu com os cubos de gelo colorido quando eles derreteram, e agora com a mistura das tintas.

O que diz a pesquisa cerebral

Novas experiências construídas sobre informações já assimiladas criam novos modelos e redes de circuitos que facilitam o aprendizado.

Dos 33 aos 36 meses

Passos coloridos

- Faça uma trilha de papel colorido colado no chão.
- Use duas ou três cores diferentes em sua trilha.
- Cante uma de suas canções favoritas enquanto você e a criança percorrem a trilha. "Se esta rua fosse minha" pode ser um bom começo.
- Toda vez que você parar de cantar, pare de andar. Se a criança já conhece as cores, peça-lhe para dizer o nome da cor em cima da qual vocês estão.
- Desenvolva o senso espacial da criança sugerindo: "Vamos pular por cima do papel" ou "Vamos pisar em cima do papel" ou "Vamos andar em volta do papel".
- Você também pode realizar outras ações, como pular ou andar na ponta dos pés.

O que diz a pesquisa cerebral

Durante períodos críticos de desenvolvimento cerebral, fibras longas e finas crescem dentro do cérebro, criando circuitos que transmitem impulsos elétricos de célula a célula. A rede resultante que cresce diariamente no cérebro jovem forma o alicerce neurológico sobre o qual a criança constrói o saber de uma vida inteira.

125 Brincadeiras para Crianças

Desenhos com gizes coloridos

Dos 33 aos 36 meses

- Dê a seu filho uma folha grande de cartolina preta.
- Depois dê a ele vários pedaços de gizes coloridos.
- Deixe que ele explore o uso dos gizes na folha de cartolina preta.
- Ajude seu filho a reparar no quanto as cores parecem vibrantes contra o fundo preto.
- Se você tiver uma calçada ou conhecer algum lugar onde seja permitido desenhar na calçada, incentive seu filho a usar essa calçada como tela e desenhar com o giz (lembre seu filho de que isso só pode ser feito com permissão).

O que diz a pesquisa cerebral

Ampliar os tipos de aprendizado com o uso de novos materiais e experiências aumenta a capacidade de resolução de problemas e raciocínio.

Dos 33 aos 36 meses

Uma brincadeira de ritmo

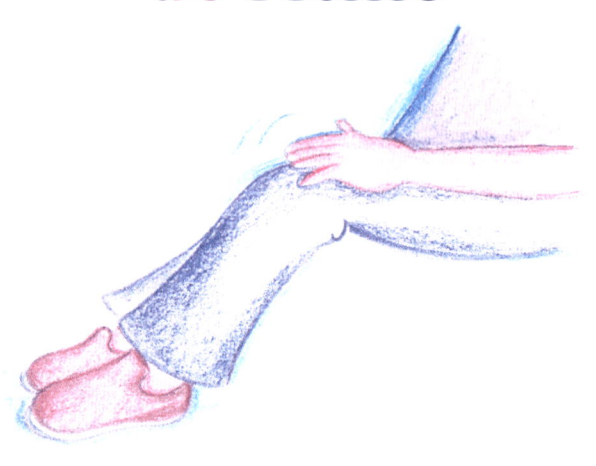

- Diga o seguinte, realizando as ações correspondentes:

    Um, dois, três,
    Mão no joelho.
    Um, dois, três,
    Outra vez.

- Repita, mudando a parte do corpo. Por exemplo: toque o braço ou o dedo do pé.
- As palavras não precisam rimar.
- As crianças aprendem a perceber o ritmo.

O que diz a pesquisa cerebral

A exposição à música refaz os circuitos nervosos, o que também pode fortalecer os circuitos usados na matemática.

Dos 33 aos 36 meses

Cadê o Joãozinho?

- Diga as frases seguintes e realize as ações correspondentes; depois peça a seu filho de dois anos para imitar você:

  Sou uma caixinha (fique parado com os braços ao lado da cabeça)
  Paradinha. (fique completamente imóvel)
  Levante minha tampa (levante os braços acima da cabeça bem devargazinho)
  O que é que tem lá dentro?
  Chhhh! Bu! (pule e levante as mãos bem alto no ar)
  Surpresa!

O que diz a pesquisa cerebral

Todo cérebro jovem estabelece conexões nervosas e musculares para sentar, engatinhar, andar e falar num ritmo próprio.

125 Brincadeiras para Crianças

Dos 33 aos 36 meses

Impressões

- Providencie vários tipos de objetos que possam servir de moldes de impressão – carretéis e bobinas, penas de aves, esponjas, brinquedos pequenos, pinhas (de pinheiro), folhas pequenas (de árvores) e qualquer outro objeto de seu ambiente que você achar apropriado.
- Dê a seu filho uma folha grande de papel.
- Num prato de papel, coloque um pouco de tinta atóxica de cores diferentes.
- Mostre os objetos a seu filho.
- Ajude seu filho a mergulhar os objetos nas tintas e fazer impressões simples na folha grande de papel.
- Deixe as impressões secarem.
- Converse sobre as impressões e compare-as com os objetos que seu filho usou para fazê-las.
- Use uma caneta esferográfica para escrever o nome do objeto embaixo ou ao lado da impressão.

O que diz a pesquisa cerebral

O pensamento abstrato é estimulado pelo uso da linguagem – é o processo pelo qual a experiência se transforma em conhecimento.

Versinhos de bolinhos

Dos 33 aos 36 meses

- Cante uma música que você goste e que se adapte às frases seguintes:

   Você gosta de bolinho?
   De franguinho?
   De pãozinho?
   Você gosta de bolinho,
   De franguinho e de pãozinho.
   Ei!

- Enquanto canta a musiquinha, dance em volta e bata palmas ao dizer "Ei!"
- Escolha três sons que rimem para cantar a música.
- Essa brincadeira ajuda a criança a perceber as rimas.

O que diz a pesquisa cerebral

Escaneamentos do cérebro das crianças mostram que, nessa idade, o crescimento é dramático, um fato que lhes permite absorver e organizar novas informações numa velocidade muito maior que os adultos.

125 Brincadeiras para Crianças

127

Dos 33 aos 36 meses

É de quebrar a cabeça!

- Escolha um desenho ou pintura que seu filho tenha feito.
- Pergunte-lhe se ele concorda em transformar o desenho ou pintura em quebra-cabeça (não pressuponha que seu filho não vai se importar se alguém cortar seu desenho ou pintura. Se ele não quiser, use uma imagem de uma revista ou catálogo).
- Depois de decidir qual imagem será transformada em quebra-cabeça, cole-a numa pedaço de cartolina.
- Depois que a cola secar, pegue a imagem e desenhe algumas linhas simples de quebra-cabeça nas costas. O melhor é fazer quatro ou cinco peças.
- Corte o quebra-cabeças seguindo as linhas.
- Vire as peças de cabeça para baixo e misture-as.
- Incentive seu filho a construir esse quebra-cabeça com você.

O que diz a pesquisa cerebral

Os quebra-cabeças envolvem raciocínio, discriminação e controle muscular – todas essas atividades estimulam o desenvolvimento do cérebro.

Dos 33 aos 36 meses

O que é, o que é?

- Escolha duas ou três frutas ou legumes que pode usar num lanche.
- Corte as frutas e os legumes em pedacinhos pequenos que seu filho possa comer.
- Coloque os pedaços num prato.
- Reveja os itens com o seu filho para ele se familiarizar com o que está no prato.
- Peça a seu filho para fechar os olhos e pegar um pedaço com os olhos fechados.
- Peça a seu filho para identificar o que está comendo.

O que diz a pesquisa cerebral

Aprender a prestar atenção é essencial para praticamente todos os tipos de aprendizado.

Dos 33 aos 36 meses

Instrumentos musicais

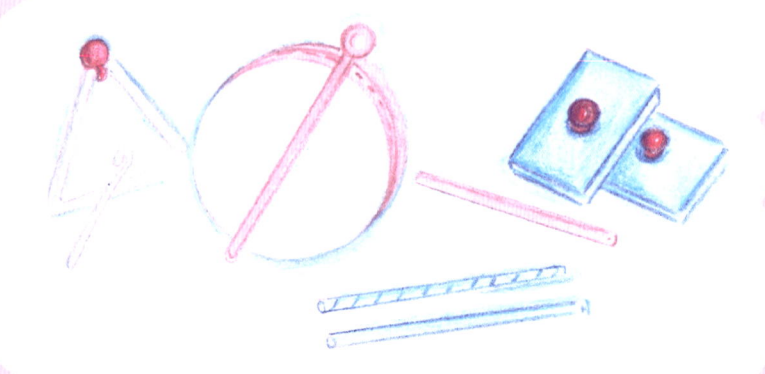

- Arranje um número bem variado de instrumentos rítmicos para a criança explorar os diferentes tipos de sons.
- Comece com tambores, paus de chuva, triângulos e baquetas.

  - Tambores: bata primeiro na extremidade, depois no meio. O som vai ser mais agudo e mais grave, respectivamente.
  - Paus de chuva: sacuda-os para ouvir um som interessante como o da chuva.
  - Triângulo: bata em lugares diferentes para produzir sons mais agudos e mais graves.
  - Baquetas: bata com elas em superfícies diferentes para produzir sons diferentes. Bater com uma baqueta no chão e depois numa mesa é fascinante para a criança.

O que diz a pesquisa cerebral

A exposição à música reativa os circuitos cerebrais. Como outros circuitos formados nos primeiros meses e anos de vida, os circuitos musicais vão perdurar.

Compras

Dos 33 aos 36 meses

- Peça a seu filho para ajudar você a preparar a lista de supermercado.
- Leve-o para fazer as compras e procure os itens da lista.
- Quando voltar para casa, deixe-o ajudar você a guardar as compras e a "ler" os rótulos, a parte de cima das caixas e pacotes enquanto vocês os guardam.
- Faça uma receita com os ingredientes que vocês acabaram de comprar.
- Elogie os esforços da criança. Diga algo como:" Você realmente ajudou muito com todas as compras do supermercado e guardando as coisas. Eu gosto de fazer compras com você".

O que diz a pesquisa cerebral

Ao longo dos três primeiros anos de vida, uma criança totalmente dependente constrói um cérebro novo incrivelmente complexo que vai ser o início de uma nova criança independente.

125 Brincadeiras para Crianças

Dos 33 aos 36 meses

Cantar, pular, parar

- Diga a seu filho de dois anos que você vai cantar uma música e pular ao mesmo tempo. Parar de cantar é o sinal para parar de pular.
- Cante uma música familiar, como *Rema, rema, remador* e pule. Pare em vários momentos diferentes da música.
- O melhor é cantar só um ou dois versos do início da música para o seu filho entender as regras da brincadeira.
- Deixe seu filho escolher a música e a atividade: pular com os dois pés, pular só com um dos pés, marchar, correr etc.
- Essa brincadeira é deliciosa.

O que diz a pesquisa cerebral

A brincadeira que envolve atividade física estimula a parte do cérebro que regula as emoções, o que facilita a administração das emoções e do estresse.

Brincadeira de mãos trocadas

Dos 33 aos 36 meses

- Escolha a melodia de uma cantiga de roda para acompanhar os seguintes versinhos:

    Onde que está, onde que está,
    Meu filhinho que está com fome?
    Onde que está, onde que está?
    Está lá colhendo – qual é o nome?

- Faça de conta que está andando numa horta cheia de legumes e verduras. Toda vez que disser o nome de um deles, você faz de conta que o está colhendo e pondo dentro de uma cesta também de mentirinha.
- A brincadeira é você sempre usar o braço oposto para pegar o legume ou verdura. Se o legume ou verdura estiver do lado direito, você usa a mão esquerda para pegá-lo. Se estiver do lado esquerdo, você usa a mão direita.
- E cante a resposta:

    Peguei espinafre e pus na cesta,
    Peguei espinafre e pus na cesta,
    Peguei espinafre e pus na cesta,
    E lá vamos nós pela horta – porreta!

- Repita com tomate, feijão, couve-flor, brócolis e outros legumes que o seu filho já conhece.

O que diz a pesquisa cerebral

É importante fazer exercícios de cruzar os braços e as pernas, fazendo os membros chegarem ao lado oposto do corpo. O lado esquerdo do cérebro controla o lado direito do corpo e vice-versa. Ambos os lados são obrigados a se comunicar quando os braços e as pernas alcançam o lado oposto do corpo. Esses movimentos "desautomatizam" o cérebro e estimulam o aprendizado.

Dos 33 aos 36 meses

Exercício para ativar o cérebro

- Essa atividade vai fazer o sangue fluir e liberar tensão e estresse.
- Cante a música e faça os movimentos:

Marcha, soldado, cabeça de papel, (marchar sem sair do lugar)
se não marchar direito, (marchar com os joelhos abaixados)
vai preso no quartel! (voltar a marchar normalmente).
O quartel pegou fogo, (marchar com as mãos pra cima em aflição)
o Francisco deu sinal, (marchar com os joelhos abaixados)
acode, acode, acode, a bandeira nacional! (marchar com as mãos para o alto).

- Repetir.

O que diz a pesquisa cerebral

Segundo Eric Jensen, o autor de Brain-Based Learning [Cérebro – a base do aprendizado], as crianças precisam ficar de pé, abaixar-se e esticar ou alongar os músculos para "exercitar" o cérebro.

Dos 33 aos 36 meses

Brincar com o pau de chuva

- Mostre um pau de chuva para seu filho.
- Vire-o para baixo e para cima para ele ver como funciona e ouvir o som que ele faz.
- Enquanto movimenta o pau de chuva, cante uma música como *Chove, chuva, chove sem parar...*
- Dê o pau de chuva para seu filho e deixe-o virar o instrumento para baixo e para cima enquanto você canta a música.
- Cante outras músicas que falem de chuva enquanto ele faz o acompanhamento.

O que diz a pesquisa cerebral

Experiências de qualidade com música promovem a discriminação auditiva e ajudam a criança a perceber ritmos e batidas diferentes. Isso ajuda a aumentar o vocabulário e a memória.

Índice remissivo

A

Afeto
  12-15 meses, 11-12, 14-15, 17, 19
  15-18 meses, 31-32, 37
  18-21 meses, 46
  21-24 meses, 62
  24-27 meses, 84
  27-30 meses, 91, 95
Animais
  imagens, 97
Aprender a dividir
  24-27 meses, 92
Aprender a se cuidar
  21-24 meses, 64-65
  27-30 meses, 104
Aprender a se vestir
  21-24 meses, 64-65
  30-33 meses, 104
Atividades ao ar livre
  18-21 meses, 52-53
  21-24 meses, 70
  24-27 meses, 85, 88-89
  27-30 meses, 101
  30-33 meses, 115
  33-36 meses, 120, 123
Atividades com linguagem de sinais
  15-18 meses, 20
Atividades com música
  12-15 meses, 14, 17-18, 25
  15-18 meses, 29, 36, 39-40
  18-21 meses, 49-50, 53, 57
  21-24 meses, 59, 63, 72-73
  24-27 meses, 80
  27-30 meses, 98
  30-33 meses, 111-113
  33-36 meses, 124, 127, 130, 132, 135
Atividades com o canto
  12-15 meses, 14, 17-18, 21
  15-18 meses, 29, 40
  18-21 meses, 49, 57
  21-24 meses, 59, 63, 69, 72-73
  27-30 meses, 95, 98
  30-33 meses, 112-113
  33-36 meses, 122, 127, 132-133, 135
Atividades com rimas
  12-15 meses, 15, 19, 22
  15-18 meses, 30
  18-21 meses, 45, 51, 55
  21-24 meses, 62, 73
  24-27 meses, 79, 84, 86
  27-30 meses, 91, 95
  30-33 meses, 106, 108-109
  33-36 meses, 124-125, 127, 134
Atividades com ritmos
  12-15 meses, 17-18, 25
  15-18 meses, 39
  18-21 meses, 80
  27-30 meses, 98
  30-33 meses, 108
  33-36 meses, 124, 130, 135
Atividades de culinária
  18-21 meses, 56
  27-30 meses, 90, 102
Autoconfiança
  12-15 meses, 20, 25
  21-24 meses, 65
  30-33 meses, 104
Autocontrole
  18-21 meses, 43, 52
  24-27 meses, 77, 80
Autoestima
  15-18 meses, 25
  30-33 meses, 117
  33-36 meses, 131

B

Bilinguismo
  15-18 meses, 36
Blocos
  15-18 meses, 27
  21-24 meses, 74
Bonecas, 33, 78, 98
Brincadeiras com o espelho

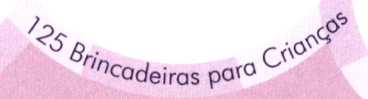

Índice remissivo

18-21 meses, 41
24-27 meses, 86
Brincadeiras com os dedos da mão
   12-15 meses, 22
   15-18 meses, 35
   24-27 meses, 79
Brincadeiras de bater palmas
   12-15 meses, 18
   15-18 meses, 29, 39
   18-21 meses, 49, 59
   24-27 meses, 59, 78
   30-33 meses, 113
   33-36 meses, 127
Brincar de forma independente
   12-15 meses, p. 24

C

Capacidade cognitiva
   15-18 meses, 26
   18-21 meses, 50, 57
   21-24 meses, 61, 63, 68
   24-27 meses, 85, 87, 89
   30-33 meses, 114
Capacidade de concentração
   12-15 meses, 24
   24-27 meses, 77
Capacidade de estender a mão para pegar um objeto
   15-18 meses, 13, 15, 30
   21-24 meses, 75
Capacidade de expressão verbal, 9
   12-15 meses, 16, 20-21
   15-18 meses, 26, 30, 34, 36, 38
   18-21 meses, pp. 44-45, 47-48, 51-52, 55-57
   21-24 meses, 64, 66, 72-73
   24-27 meses, 77, 79, 82
   27-30 meses, 93, 96, 98-101
   30-33 meses, 107-109, 112-113, 116
   33-36 meses, 120-121, 126, 135
Capacidade de leitura
   18-21 meses, 55
   21-24 meses, 60
   24-27 meses, 88
   30-33 meses, 105, 107-109

   33-36 meses, 131
Capacidade de observação
   15-18 meses, 28
   18-21 meses, 52
   24-27 meses, 76, 85
   27-30 meses, 100
   33-36 meses, 128
Capacidade de pegar objetos
   12-15 meses, 13, 23
   21-24 meses, 75
Capacidade de pensamento abstrato
   24-27 meses, 87
   30-33 meses, 110
   33-36 meses, 126
Capacidade de previsão
   21-24 meses, 68
   30-33 meses, 105
Capacidade de raciocínio
   33-36 meses, 123, 128
Capacidade de resolver problemas
   21-24 meses, 68
   24-27 meses, 87
   27-30 meses, 97
   30-33 meses, 107, 114
   33-36 meses, 120, 123
Capacidade de soltar ou deixar cair os objetos
   12-15 meses, 23
   21-24 meses, 75
Capacidade matemática
   15-18 meses, 14, 18
   18-21 meses, 50
   21-24 meses, 59, 63
   33-36 meses, 124
Capacidade motora fina
   12-15 meses, 9, 22-23
   15-18 meses, 27, 35, 40
   18-21 meses, 58-59
   21-24 meses, 63-65, 67, 69-70
   24-27 meses, 87
   27-30 meses, 94
   30-33 meses, 114
   33-36 meses, 126, 128
Capacidade motora grossa (básica)
   12-15 meses, 11, 13

índice remissivo

15-18 meses, 27, 37
18-21 meses, 42-43, 49-51
21-24 meses, 59, 66-67, 71
24-27 meses, 76, 78, 80
27-30 meses, 95, 103
30-33 meses, 106, 114-115, 118
33-36 meses, 119, 122, 125, 132-134
Consciência corporal
  12-15 meses, 16
  15-18 meses, 36, 37
  18-21 meses, 43
  24-27 meses, 76
  27-30 meses, 98, 103
  33-36 meses, 124
Consistência
  12-15 meses, 19
Contar
  15-18 meses, 27
  21-24 meses, 69, 72, 74-75
  27-30 meses, 94
  30-33 meses, 115
Controle muscular
  12-15 meses, 23
  21-24 meses, 75
  24-27 meses, 80
  33-36 meses, 128
Cooperação
  18-21 meses, 46
  24-27 meses, 83
  27-30 meses, 90
  30-33 meses, 117
  33-36 meses, 131
Coordenação
  12-15 meses, 13
  15-18 meses, 13, 40
  18-21 meses, 43
  21-24 meses, 59, 67, 71
  30-33 meses, 106, 115, 118
  33-36 meses, 119, 122, 125, 132-134
Coordenação olho-mão
  12-15 meses, 23
  15-18 meses, 27
  21-24 meses, 71, 75

  33-36 meses, 119
Coping skills [Acho que houve algum problema de impressão, a atividade é de culinária! – talvez fosse cooking skills... a tradução de coping skills seria capacidade de enfrentar problemas – e essa referência à p. 56 já consta no verbete atividades de culinária, acima.]
  18-21 meses, 56
Cores
  24-27 meses, 89
  27-30 meses, 94, 97, 102
  30-33 meses, 114, 116
  33-36 meses, 120-123
Criatividade
  12-15 meses, 25
  18-21 meses, 58
  21-24 meses, 64, 74
  24-27 meses, 80, 87
  27-30 meses, 93, 96
  30-33 meses, 107, 118
  33-36 meses, 123, 126
Cuidar, amar
  12-15 meses, 12
  27-30 meses, 102
Curiosidade
  12-15 meses, 25
  30-33 meses, 110

D

Descobertas
  18-21 meses, 52
  30-33 meses, 105, 116
Desenvolvimento afetivo e intelectual
  12-15 meses, 12, 21, 24
  15-18 meses, 28, 33, 40
  18-21 meses, 41, 47, 49
  21-24 meses, 61, 66
  27-30 meses, 96, 103
Desenvolvimento do cérebro, 7-9
Desenvolvimento sensorial, 9
  15-18 meses, 15, 26
  18-21 meses, 48, 52-53, 56

Índice remissivo

21-24 meses, pp. 81-82, 88
Desenvolvimento social/emocional
  12-15 meses, 11, 12, 19, 21
  15-18 meses, 26, 31-32, 37
  18-21 meses, 41, 46, 56
  21-24 meses, 62, 64
  24-27 meses, 78, 83, 86
  27-30 meses, 91-92
Discriminação auditiva
  12-15 meses, 17
  15-18 meses, 28, 30, 38
  18-21 meses, 44-45, 48, 53
  21-24 meses, 60, 69, 72-73
  24-27 meses, 77, 79
  30-33 meses, 106, 108-109, 111
  33-36 meses, 130, 135

E
Embalar
  12-15 meses, 11, 14, 25
  18-21 meses, 49
  21-24 meses, 62
  27-30 meses, 91
Engatinhar
  12-15 meses, 13
  15-18 meses, 28
  18-21 meses, 42
  33-36 meses, 125
Equilíbrio
  15-18 meses, 43
  21-24 meses, 66-67, 71
  24-27 meses, 80
  30-33 meses, 106, 115
  33-36 meses, 122
Excesso de estímulo
  15-18 meses, 24

F
Fazer de conta
  12-15 meses, 24
  15-18 meses, 34
  21-24 meses, 61, 64
  27-30 meses, 96
  30-33 meses, 118
  33-36 meses, 133

Formas
  27-30 meses, 94, 97

H
Hora das refeições
  18-21 meses, 56
  27-30 meses, 102
  30-33 meses, 112
  33-36 meses, 129
Hora de dormir
  12-15 meses, 19
  15-18 meses, 30, 33
Hora do banho
  15-18 meses, 17, 30
  30-33 meses, 104
Hora do lanche
  24-27 meses, 90
  33-36 meses, 129

I
Inteligência, 9

L
Livros, 15, 108
Limpeza
  18-21 meses, 46
  24-27 meses, 83
  30-33 meses, 117
Linguagem descritiva
  15-18 meses, 27-28
  18-21 meses, 44, 47-48
  21-24 meses, 60, 64, 68
  24-27 meses, 82, 88
  27-30 meses, 92, 100
  30-33 meses, 113
Linguagem receptiva, 84, 105

M
Memória
  12-15 meses, 24
  15-18 meses, 37
  18-21 meses, 49, 57
  21-24 meses, 73
  24-27 meses, 79, 81, 86, 96
  27-30 meses, p. 97
  33-36 meses, 135

índice remissivo

Modelos
  12-18 meses, 18
  15-18 meses, 33
  18-21 meses, 54
  21-24 meses, 69, 74
  27-30 meses, 94
  30-33 meses, 104, 115
  33-36 meses, 121, 123
Movimentos de lateralidade cruzada, 133

N
Natureza/cuidados, 80

O
Obedecer instruções
  24-27 meses, 76
  27-30 meses, 98
  30-33 meses, 106
  33-36 meses, 125, 132

P
Previsibilidade
  15-18 meses, 30, 33, 37

R
Raciocínio complexo
  18-21 meses, 50
Recipientes
  12-15 meses, 23
  18-21 meses, 46
  21-24 meses, 60, 68, 70
  27-30 meses, 101
Repetição
  12-15 meses, 16
  18-21 meses, 44, 54
  27-30 meses, 92, 99
  30-33 meses, 108
Resiliência, 65
Rimas, 19, 22, 35, 37, 45, 51, 55, 62, 66, 71, 79, 84, 86, 91, 95, 98, 103, 106, 109, 124, 125, 134
Rimas infantis
  12-15 meses, 15
  18-21 meses, 55
  21-24 meses, 72
  24-27 meses, 79
  27-30 meses, 95
  30-33 meses, 108-109
  33-36 meses, 134
Rotinas
  15-18 meses, 33
  18-21 meses, 54

S
Segurança
  21-24 meses, 62
  27-30 meses, 91
Semelhanças/diferenças
  24-27 meses, 88
  27-30 meses, 94
  30-33 meses, 110
Senso de identidade
  15-18 meses, 26
  18-21 meses, 41, 43, 46
  24-27 meses, 83

T
Tempo de duração da atenção
  15-18 meses, 30
  27-30 meses, 93, 102
  33-36 meses, 129

V
Vínculo afetivo
  12-15 meses, 11-12, 14-15, 17, 19
  15-18 meses, 31-32, 37
  18-21 meses, 46
  21-24 meses, 84
  27-30 meses, 91, 95
Vozes dos animais
  15-18 meses, 38
  18-21 meses, 42, 44, 48, 53

Referências

Livros

Bergen, D. e J. Coscia. 2001. *Brain research and early childhood education: Implications for educators.* Olney, MD: Association for Childhood Education International.

Brown, S. 2009. *Play: How it shapes the brain, opens the imagination, and invigorates the soul.* Nova York: Penguin.

Caine, G. e R. Caine. 2009. *Making Connections: Teaching and the human brain.* Chicago: Addison-Wesley.

Carnegie Corporation of New York. 1994. *Starting Points: Meeting the needs of our youngest children.* Nova York: Carnegie Corporation.

Eliot, L. 2000. *What's going on in there? How the brain and mind develop in the first five years of life.* Nova York: Bantam.

Eliot, L. 2010. *Pink brain, blue brain: How small differences grow into troublesome gaps – and what we can do about it.* Nova York: Mariner Books.

Elkind, D. 2000. *The power of play: How spontaneous, imaginative activities lead to happier, healthier children.* Cambridge, MA. Da Cappo Press.

Gardner, H. 1983. *Frames of mind: The theory of multiple intelligences.* Nova York: Basic Books.

Gerhardt, S. 2004. *Why love matters: How affection shapes a baby's brain.* Nova York: Routledge.

Goodwin, S. e Acredolo. 2005. *Baby hearts: A guide to giving your child an emotional head start.* Nova York: Bantam.

Gopnik, A., A. N. Meltzoff e P. K. Kuhl. 2000. *The scientist in the crib: What early learning tell us about the mind.* Nova York: HarperCollins.

Gordon, M. 2005. *The roots of empathy: Changing the world child by child.* Toronto: Thomas Allen Publishers.

Hirsh-Pasek, K. e R. M. Golinkoff. 2005. *Einstein never used flashcards.* Emmaus, PA: Rodale.

Howard, P. J. 1994. *The owners' manual for the brain: Everyday application from mind-brain research.* Austin, TX: Leornian Press.

Kotulak, R. 1996. *Inside the brain: Revolutionary discoveries of how the mind works.* Kansas City, MO: Andrews and McMell.

Langer, E. J. 1997. *The power of mindful learning.* Cambridge, MA: Da Capo Press.

Medina, J. 2010. *Brain rules for baby: How to raise a smart and happy child from zero to five.* Seattle, WA: Pear Press.

Medina, J. 2011. *Brain rules: 12 principles for surviving and thriving at work, home, and school.* Seattle, WA: Pear Press.

Riley, D., R. R. San Juan, J. Klinkner e A. Ramminger, 2008. *Social & emotional development: Connecting science and practice in early childhood settings.* St. Paul, MN: Redleaf Press.

Schiller, P. 1999. *Start smart: Building brain power in the early years.* Beltsville, MD: Gryphon House.

Referências

Shore, R. 1997. *Rethinking the brain: New insights into early development.* Nova York: Families and Work Institute.

Silberg, J. 2013. *125 Brincadeiras para estimular o cérebro do seu bebê.* São Paulo: Editora Ground.

Silberg, J. 2013. *Bebês superespertos: Brincadeiras para curtir e aprender.* São Paulo: Editora Ground.

Sylwester, R. 1995. *A celebration of neurons: An educator's guide to the human brain.* Alexandria, VA: Association for Supervision and Curriculum Development.

Websites

Better Brains for Babies. http://www.fcs.uga.edu/ext/bbb
BrainNet. http://www.brainnet.org
The Dana Foundation. http://www.dana.org
Talaris Institute. http:www.talaris.org
Zero to Three: National Center for Infants, Toddlers, and Families http://www.zerotothree.org

Videos

Kuhl, P. *The linguistic genius of babies.* Filmado em outubro de 2010. TED video, 10:18. Exibido em fevereiro de 2011. http://www.ted.com/talks/patricia_kull_the_linguistic_genius_of_babies.html

Perry, B. "Dr. Bruce Perry, childhood development on LIVING SMART with Patricia Gras." YouTube video, 26:41, de *Houston PBS Living Smart*, exibido por "HoustonPBS", 15 de março de 2010, http://www.youtube.com/watch?v=vak-iDwZJY8

Artigos

Begley, S.1997. *How to build a baby's brain.* Newsweek, Spring/Summer, special ed.

Brownlee, S. 1998. *Baby talk.* News and World Report, 15 de junho.

Caine, R. N., G. Caine, C. L. McClintic e K. J. Klimek. 2004. *12 Brain/Mind learning principles in action – One author's personal journey.* New Horizons for Learning.

Graziano, A., M. Peterson e G. Shaw. 1999. *Enhanced learning of proportional math through music training and spatial-temporal training.* Neurological Research: 139-152.

Highfield, R. 2008. *Harvard's baby brain research lab.* The Telegraph, 30 de abril.

Nash, M. 1997. *Fertile minds.* Time, 3 de fevereiro.

Newberger, J.J. 1997. *New brain development research: A wonderful opportunity to build public support for early childhood education.* Young Children, 4-9.

Swidley, N. 2007. *Rush, little baby.* Boston Globe, 28 de outubro.

Zigler, E. *Pre to 3: Policy implications of child brain development.* Testimony given to U.S. Senate Labor and Human Resources Committee, Subcommittee on Children and Families. Washington, DC, 5 de junho, 1997.

LEIA TAMBÉM DA EDITORA GROUND

Tirar a Fralda sem Choro e sem Trauma
Penny Warner e Paula Kelly

Guia para o treinamento livre de estresse que inclui: reconhecimento dos sinais de prontidão, ensino e premiação de cada passo do progresso, como lidar com as recaídas e, sobretudo, como tornar divertido o processo. Também mostra técnicas criativas e conta histórias de pais bem sucedidos na administração deste período específico da vida de pais e filhos.

Brincando com o Yoga
Elisabetta Furlan

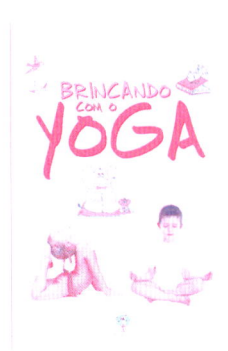

As técnicas do Yoga são apresentadas à criança com graça e humor, mostrando sua relação com posturas de animais. O livro pode ser usado para o ensino do Yoga por crianças de 3 a 10 anos, seja por sua própria conta ou acompanhadas por adultos, pais ou professores. Um engraçado pôster colorido acompanha o livro, visualizando a prática de seis animadas aulas passo a passo.